John Tyerman Williams

## *JENSEITS VON PU UND BÖSE*

*Der Bär von enormem Verstand
und die Philosophie*

*Illustrationen von Ernest H. Shepard*

Aus dem Englischen von
Ulrike Wasel und Klaus Timmermann

Hoffmann und Campe

Die Originalausgabe erschien unter dem Titel
*Pooh and the Philosophers* bei Methuen, London

Die Deutsche Bibliothek – CIP-Einheitsaufnahme
Williams, John Tyerman:
Jenseits von Pu und Böse : der Bär von enormem Verstand und die
Philosophie / John Tyerman Williams. Ill. von Ernest H. Shepard.
Aus dem Engl. von Ulrike Wasel und Klaus Timmermann.
– 5. Aufl. – Hamburg : Hoffmann und Campe, 1997
Einheitssacht.: Pooh and the philosophers <dt.>
ISBN 3-455-11134-3

Copyright © Text von A. A. Milne und Copyright © Illustrationen
von E. H. Shepard aus den Büchern *Pu der Bär* und
*Pu baut ein Haus* geschützt nach der Berner Konvention

Der Verlag dankt den »Trustees of the Pooh Properties«
für die freundliche Genehmigung zum Abdruck der Illustrationen
von E. H. Shepard und der Zitate von A. A. Milne
(in der deutschen Übersetzung durch Harry Rowohlt)

Copyright © 1995 by John Tyerman Williams
Deutsche Ausgabe
Copyright © 1996 by Hoffmann und Campe Verlag, Hamburg
Schutzumschlaggestaltung: Jens Schlockermann unter
Verwendung der Illustrationen von Colin Hadley
Satz: Utesch Satztechnik GmbH, Hamburg
Druck und Bindung: Clausen & Bosse, Leck
Printed in Germany

*Für Elizabeth Mapstone,*
durch deren Unterstützung und konstruktive Kritik aus einem beiläufigen Scherz ein Buch werden konnte.

*Danksagung*

Ich bin allen zu großem Dank verpflichtet, die sich die Zeit nahmen, den Text zu lesen und kritische Anmerkungen zu machen. Ganz besonders danke ich Michael Lockwood, Philosophiedozent an der Oxford University, der mir seine große Sachkenntnis zugute kommen ließ und mich so vor etlichen Irrtümern bewahrte. Sarah Lumley-Smith, die mein Interesse für die Philosophie über viele Jahre hinweg förderte, gab mir zahlreiche wertvolle Anregungen. Michael Abbott nahm einige wichtige Korrekturen vor. Für alle eventuell noch vorhandenen Fehler bin allein ich verantwortlich. Ich möchte außerdem der engagierten, maßgeblichen »Ursinologin« Akita Grinnall danken, die mein Interesse für den Großen Bären geweckt hat. Und schließlich danke ich meinem Verleger Geoffrey Strachan für seine Unterstützung und meiner Lektorin Georgina Allen für ihre Aufmerksamkeit. Von beiden erhielt ich zudem wertvolle Anregungen zur Verbesserung des Textes.

## INHALT

| | | |
|---|---|---|
| 1 | Worum es in diesem Buch geht | 11 |
| 2 | Pu und die alten Griechen | 17 |
| 3 | Pu und die Rationalisten des 17. Jahrhunderts | 67 |
| 4 | Pu und der britische Empirismus | 85 |
| 5 | Neuere Entwicklungen des Empirismus | 119 |
| 6 | Pu und die deutschen Philosophen: Kant, Hegel, Nietzsche | 153 |
| 7 | Pu und der Existentialismus | 189 |
| | Anhängsel (nicht I-Ahs) | 235 |

# 1
# WORUM ES IN DIESEM BUCH GEHT

Alfred North Whitehead hat die europäische Philosophie einmal als »eine Reihe von Fußnoten zu Platon« bezeichnet. Und hatte damit gar nicht so unrecht. Wir müssen nun lediglich für »Platon« »Pu der Bär« einsetzen und aus »eine Reihe von Fußnoten« »eine Reihe von Einführungen« machen. Das vorliegende Buch wird den zweifelsfreien Beweis dafür erbringen, daß die gesamte abendländische Philosophie – selbstverständlich Platon inklusive – am besten zu verstehen ist, wenn man sie als eine lange Hinführung zu Pu dem Bären betrachtet. Und natürlich stellen die philosophischen Bemühungen *seit* der Materialisierung von Pu dem Bären eine Reihe von Fußnoten zu »*dieser* spezifischen Sorte Bär« dar.

Seit der Veröffentlichung von Frederick C. Crews' *The Pooh Perplex* im Jahre 1979 und von Benjamin Hoffs *Tao Te Puh* (1984) und *The Te of Piglet* (1992) wissen wir, daß *Pu der Bär* nicht bloß ein Klassiker unter den

Kinderbüchern ist, es sei denn, wir betrachten seine Geschichte lediglich als ein Beispiel dafür, wie Wahrheiten den Weisen verborgen bleiben und Babys und Kleinkindern offenbart werden.

Crews' großartige Pionierarbeit hat offengelegt, daß das *Pu-der-Bär*-Textkorpus von unergründlicher Tiefe und nahezu unermeßlichem Bedeutungsreichtum ist; ein Gesamtwerk, dessen Untersuchung anhand der differenziertesten – und häufig widersprüchlichsten – Methoden der modernen Wissenschaft und Kritik ungemein fruchtbare Ergebnisse zeitigte.

Trotz dieser umfassenden Auseinandersetzung bot das *Pu*-Korpus dem Vorwurf des Ethnozentrismus nach wie vor eine breite Angriffsfläche. Benjamin Hoff hat diesen Vorwurf entkräftet, indem er nachwies, daß der »Bär von sehr wenig Verstand« ein verblüffendes Exempel für die östliche Philosophie des Lao-tse darstellt.

Soweit ich weiß, hat bislang noch kein Wissenschaftler aufgezeigt, daß dieser vielschichtige Text bezüglich afrikanisch-naturreligiöser Kulturen ebenso aussagekräftig ist wie bezüglich der indischen, daß er für das Verständnis der Kultur der australischen Aborigines nicht weniger bedeutsam ist als für das der Ureinwohner Amerikas. Daß dies geschieht, ist jedoch nur noch eine Frage der Zeit und hängt selbstverständlich auch davon ab, daß den Rollen von Tieger, Känga und Ruh endlich die ihnen gebührende Aufmerksamkeit zuteil wird. Zudem liegt auf der Hand, daß das Pu-Gesamtwerk eine entschlossene Ablehnung des Speziezismus beinhaltet.

Vorläufig jedoch möchten wir unsere vordringliche und ungemein lohnende Aufgabe darin sehen, den Reichtum von *Pu der Bär* und *Pu baut ein Haus* im Kontext abendländischer Philosophie zu erschließen. Bevor wir uns jedoch dieser Aufgabe zuwenden, scheinen einige einleitende Sätze angebracht.

Erstens: Von einigen mag der Einwand erhoben werden, daß Pu wiederholt als »ein Bär von sehr wenig Verstand« bezeichnet wird; mancherorts sogar als »Bär von Sehr Wenig Verstand«, wobei die Großbuchstaben gleichsam die Kleinheit des Verstandes betonen. Auf den ersten Blick könnte man darin einen entscheidenden Widerspruch zu unserer Behauptung sehen, daß Pu ein bedeutender Philosoph ist. Wir können diese Einschätzung auch nicht als puren Neid oder reine Begriffsstutzigkeit kleinerer Geister abtun, obgleich sie nicht eben selten genau das war. Nein, denn bei etlichen Gelegenheiten übernimmt Pu selbst explizit diese Charakterisierung.

Glücklicherweise liegt die Erklärung dafür auf der Hand. Indem Pu sich selbst als »Bär von sehr wenig Verstand« beschreibt, ordnet er sich nämlich in die Tradition des Sokrates ein, der unablässig beteuerte, daß er ein unwissender Fragesteller sei. Pu verbarg sich mit diesem offenen Eingeständnis seiner Dummheit, ebenso wie Sokrates mit dem Eingeständnis seiner Unwissenheit, ganz offensichtlich hinter einer Maske – doch mitunter ließ er diese Maske fallen. In seinem »Besorgtes Pu-Lied« verkündet er die Wahrheit:

> Also, Pu war ein Bär von enormem Verstand ...
> (›Da capo!‹ ›Bitte Ruhe!‹ ›Allerhand,
> allerhand!‹)
> Von enormem Verstand ...

Die vorliegende Untersuchung zeigt auf, daß dieser Anspruch nur allzu berechtigt ist, und dennoch wird sie umfassende Bereiche jenes enormen Verstandes zukünftiger wissenschaftlicher Erforschung überlassen müssen.

Zweitens: Pu selbst ist in den *Pu*-Texten zwar die bedeutendste Verkörperung philosophischer Inhalte, aber eben nicht die einzige. Ganz offensichtlich repräsentiert I-Ah die Schule der Stoiker, und – viele Leser mögen jetzt überrascht sein – er ist der Schlüssel zu einem ganzen Teil von Nietzsches *Also sprach Zarathustra*. Ferkel steckt voller Verweise auf die Ethik. Eule ist, unter anderem, eine erfrischende Satire auf die Art von akademischer Philosophie, die sich in ihrer Abwendung vom Alltagsleben gefällt. Tigers Suche nach etwas Eßbarem demonstriert die Bedeutung sekundärer Motive in der differenzierteren Spielart des Utilitarismus eines John Stuart Mill.

Drittens: Vielleicht haben sich unsere Leser gefragt,

wie zwei recht dünne Büchlein – nämlich *Pu der Bär* und *Pu baut ein Haus* – die gesamte Philosophie des Abendlandes enthalten können. Vielleicht argwöhnten sie sogar, daß diese Behauptung nicht ganz ernst gemeint sei. Nun, sie ist ernst gemeint, und sie ist absolut gerechtfertigt. A. A. Milne könnte nämlich aufgrund der wiederholten Anwendung eines Kunstgriffs so viel gedanklichen Stoff auf so engem Raum komprimieren; dies tat er, indem er anhand ein und derselben Episode gleich mehrere philosophische Schulen veranschaulichte. Im Verlauf unserer »ursinianischen« Untersuchung wird das immer wieder festzustellen sein.

Die folgenden Kapitel werden im einzelnen belegen, warum wir der Auffassung sind, daß die gesamte abendländische Philosophie – mit Ausnahme der allerjüngsten Entwicklungen – als eine einzige große Vorbereitung auf Pu den Bären zu betrachten ist.

# 2
# PU UND DIE ALTEN GRIECHEN

## Die griechischen Kosmologen

Alle Pu-Forscher kennen sein Ballonabenteuer aus Kapitel eins und die Geschichte, wie er I-Ah in Kapitel sechs »einen nützlichen Topf« schenkt. Alle Studenten der frühen griechischen Kosmologie werden sich erinnern, daß Anaximander die Theorie aufstellte, die Erde sei wie eine Walze geformt, während Pythagoras, ebenso wie später Aristoteles, behauptete, sie sei rund. Bis heute jedoch sind die offensichtlichen Verbindungen zwischen diesen allseits bekannten Fakten schändlich mißachtet worden. Das wohl größte Vergnügen für jeden Wissenschaftler bildet selbstverständlich die selbstlose Suche nach der Wahrheit, doch gleich an zweiter Stelle rangiert das Aufdecken von Nachlässigkeit, Ignoranz und Dummheit seiner Kollegen. Diesen beiden Vergnügungen wenden wir uns nun gleichzeitig zu.

Als erstes möchten wir die Ballonepisode in Erinnerung rufen. Sie beginnt damit, daß Pu der Bär Christopher Robin fragt, ob er einen Ballon habe, und Christopher Robin fragt, wozu er einen haben wolle.

> Winnie-der-Pu sah sich um, ob auch niemand lauschte, legte die Pfote an den Mund und flüsterte mit tiefer Stimme: »*Honig!*«

Schon allein Pus Heimlichtuerei müßte uns klarmachen, daß es hier um mehr geht als bloß um materiellen Honig. Jeder, der ihn kennt, weiß natürlich von seiner typisch bärigen Leidenschaft für diese süße Substanz. Warum also die Heimlichtuerei?
Voreilige Denker könnten den naheliegenden Schluß ziehen, daß Winnie-der-Pu einfach nur darauf erpicht sei, diesen speziellen Honig für sich allein zu behalten. Wie bedauerlich! Gerade diese oberflächliche Lesart nämlich hat Generationen den Blick für die wahre Tiefe von Milnes großem Werk versperrt und ihm den ihm gebührenden Platz neben Platon versagt. Denn Milne ist für Pu Bär genau das, was Platon für Sokrates ist.
Man braucht nur ein klein wenig nachzudenken, um zu erkennen, wie abwegig es ist, »Honig« in diesem Zusammenhang in seiner alltäglichen Bedeutung zu verstehen. Wieso sollte Winnie-der-Pu derart ausgeklügelte Vorsichtsmaßnahmen ergreifen, um Honig zu schützen, an den ohnehin kaum heranzukommen war? Auf der materiellen Ebene gelingt dies selbst ihm nicht, auch nicht mit Hilfe des Ballons.

Was also ist die tiefere Bedeutung von »Honig«? Worum geht es Winnie-dem-Pu wirklich?

Es ist nicht verwunderlich, daß wir unsere Frage, zumindest teilweise, im Matthäus-Evangelium beantwortet finden, wo wir erfahren, daß Johannes der Täufer sich von »Heuschrecken und wildem Honig« ernährte, bei Dekan Swift, der Honig mit »den zwei edelsten Dingen, als da sind Süße und Licht«, in Zusammenhang bringt, und in der biblischen Beschreibung des Gelobten Landes als dem »Land, darin Milch und Honig fließen«.

Diese Beispiele – aus vielen anderen ausgewählt – machen deutlich, daß es eine alte und durchgängige Tradition gibt, nach der Honig ein Symbol darstellt, und zwar entweder für eine spirituelle Suche, wie bei Johannes dem Täufer, oder für die Belohnung des erfolgreich Suchenden, wie in den anderen Beispielen.

Lesern, denen die Begriffe »Süße und Licht« bei Matthew Arnold geläufiger sind als bei Swift, wird es leichter fallen, sie auf Pu den Bären zu übertragen, der diese bewundernswerten Eigenschaften überall entfaltet, wohin er auch geht.

Im Zentrum unserer Untersuchung steht nicht Pus Spiritualität oder sein Anspruch auf Heiligkeit. Die Diskussion über eine eventuelle Heiligsprechung befindet sich derzeit noch in einem viel zu frühen und sensiblen Stadium, als daß dergleichen angemessen wäre. Vorläufig soll hier der Verweis auf Benjamin Hoff genügen, der eindeutig dargelegt hat, daß Pu der Bär zur Erkenntnis gelangt ist, indem er auf seine innere Stimme lauschte. Wir möchten auch daran erinnern, daß Sokrates, dessen Ähnlichkeit mit dem Bären auch im weiteren Verlauf unserer Untersuchung wiederholt zutage treten wird, häufig als Mystiker betrachtet wird.

Hier jedoch geht es um Pu den Philosophen, und daher können wir mit Bestimmtheit sagen, daß »Honig« in dieser Parabel primär philosophische Wahrheit bedeutet.

Bislang haben wir uns auf den Symbolgehalt des Honigs konzentriert, doch natürlich ist der Ballon in dieser Szene von ebenso großer Bedeutung. Wir haben bereits angedeutet, daß er hier die Erde symbolisiert. Dieser Gedanke soll im folgenden eingehender untersucht werden, damit wir seine ganze Tiefe erfassen können.

Während die Form des Ballons dessen grundlegende symbolische Bedeutung hinreichend veranschaulicht, ist das Bild des in der Luft schwebenden Ballons in dem Maße mit der im All schwebenden Erde gleichzusetzen, wie es die bildsprachlichen Grenzen dieser Parabel erlauben. Dennoch wirft dieses Bild gewisse Fragen auf. Es bereitet sogar, zumindest dem oberflächlichen Denker, gewisse Schwierigkeiten.

Wenn wir, so mögen derlei Leute einwenden, rein theoretisch einmal akzeptieren, daß die ziemlich abwegige These von einer verborgenen Bedeutung stimmt,

dann beweist diese Episode doch gerade das unüberseh-
bare Scheitern Pus bei seiner Suche nach Wahrheit.
Schließlich hat er den Honig ja nicht bekommen, und
Christopher Robin mußte ihn retten, indem er den
Ballon – und Pu den Bären – abschoß.

Wo, so mögen andere fragen, besteht der Zusammenhang zwischen der Form der Erde und philosophischer
Wahrheit? Wird da nicht Philosophie mit Astronomie
verwechselt?

Um die letztgenannte Frage zuerst zu beantworten,
könnten wir darauf hinweisen, daß die Trennung von
Naturwissenschaft und Philosophie relativ jungen Da-
tums ist. Noch weit bis in die Neuzeit hinein wurde die
heutige »Naturwissenschaft« als »Naturphilosophie«
bezeichnet. Die frühesten griechischen Philosophen
waren Kosmologen, das heißt, sie fragten nach dem
Wesen des Universums. Wie entstand es? Woraus bestand es? Was waren die Sterne und Planeten? Wie weit
waren sie von der Erde entfernt? *Welche Form hatte die
Erde?*

Halten wir uns vor Augen – was wir stets tun sollten –,
daß Winnie-der-Pu ein Philosoph im wahrhaft universalen Sinne des Wortes ist, dann erscheint es uns als
absolut natürlich, daß er sich mit Kosmologie befaßt. Er
wäre nicht das singuläre Phänomen, das er nun einmal
ist, wenn er nicht die gesamte abendländische Philosophie in sich verschmolzen hätte.

Wie der intelligente Leser längst bemerkt haben wird,

erinnert uns der Bär daran, daß die Pythagoreer in der Zeit zwischen 550 und 500 v. Chr. lehrten, die Erde sei rund und kreise um ein zentrales Feuer. Zwei Jahrhunderte später wiederholte Aristoteles die Auffassung, daß die Erde rund sei, obwohl er den Planeten als feststehend betrachtete und ins Zentrum des Universums rückte. Und ebendieses aristotelische Bild wurde von den meisten gebildeten Europäern bis ins 17. Jahrhundert hinein für richtig gehalten. Dann wurde es durch das heliozentrische System von Kopernikus und Galilei abgelöst.

Kommen wir nun zu dem ersten Einwand, der uns zugegebenermaßen vor eine realere Schwierigkeit stellt. Die Episode von Pu, dem Ballon und dem Honig scheint tatsächlich das Scheitern von Pus Suche auszudrücken. Wie sollen wir also in der Interpretation fortfahren?

Mittlerweile wird der aufmerksame Leser volles Vertrauen in unsere Fähigkeit entwickelt haben, eine allegorische Deutung vorzunehmen, und der aufmerksame Leser wird sich in diesem Vertrauen bestätigt sehen. Es sind mehrere Interpretationen der Szene möglich, doch sie lassen sich nicht so ohne weiteres auf einen Nenner bringen. Im folgenden stellen wir die offensichtlicheren vor und erörtern die daraus resultierenden Probleme. Im Anschluß daran werden wir einen Lösungsvorschlag unterbreiten.

1. Die erste Auslegung lautet, daß Pu der Bär an dieser Stelle warnend vor Augen führt, wie langwierig und anstrengend die Aufgabe des Philosophen ist. Wenn wir uns an diese Aufgabe machen, dürfen wir nicht hoffen, daß uns gleich die ersten Versuche ans Ziel bringen werden. In diesem Zusammenhang ist interessant, daß ein großer zeitgenössischer Philosoph, Sir Karl Popper, seiner Autobiographie den Titel *Suche ohne Ende* gab [A.d.Ü.: dt. Titel: *Ausgangspunkte*]. Wir müssen also auf Enttäuschungen gefaßt sein. Diese Enttäuschungen werden uns, besonders in einer frühen Phase, zwangsläufig des öfteren in ein Stimmungstief stürzen; so wie unser Vorbild im wahrsten Sinne des Wortes in die Tiefe stürzt.

Die Suche nach der Wahrheit erfordert auf ihre Weise genausoviel Mut wie die Suche nach dem Nordpol. Unser Held erhebt sich vom Boden und setzt seine Suche fort, bis er den Nordpol findet (Kapitel acht). Und in dieser, wie auch in so mancherlei anderer Hinsicht, ist er sowohl unser moralisches als auch unser intellektuelles Leitbild.

2. Die zweite Auslegung ähnelt der ersten, ist jedoch konkreter. Während die erste eine allgemeine Warnung vor den Schwierigkeiten des Philosophierens zum Inhalt hatte, bezieht sich die zweite speziell auf die Naturphilosophie. Erinnern wir uns an Pus Worte, mit denen er erklärt, warum er wieder herunterwill:

*»Dies ist die falsche Sorte Bienen* ... Deshalb würde ich auch meinen, daß sie die falsche Sorte Honig machen, oder?«

Pu der Bär hatte sich vorgenommen, Honig (Wahrheit) und Ballon (die Hypothese, daß die Erde eine Kugel sei) miteinander zu verbinden. Das heißt, er will beweisen, daß die Hypothese stimmt, die Erde sei rund. Was also bringt ihn von seinem Vorhaben ab? Pu selbst sagt es uns ganz deutlich: Er stellt fest, daß die Bienen, die diesen Honig machen, *»die falsche Sorte Bienen«* sind, und folgert daraus, daß sie deshalb auch »die falsche Sorte Honig« machen.

Irgend etwas an seiner Ausgangshypothese war falsch. Offensichtlich nicht, daß die Erde rund ist. Wie wir inzwischen wissen, hatte er damit recht. Was dann also? Etwas, das mit den Bienen zu tun hat.

Was veranlaßt ihn zu der Überzeugung, daß diese Bienen die falsche Sorte sind? Er äußert diese Erkenntnis, unmittelbar nachdem folgendes geschehen ist:

> ... eine Biene setzte sich der Wolke [d.i.: Winnie-der-Pu] einen Augenblick lang auf die Nase, flog dann aber wieder weiter.
> »Christopher – *au!* – Robin«, rief die Wolke.

In dieser Situation ist die einzige schlüssige Erklärung für das »*au!*« die, daß Winnie-der-Pu von der Biene in die Nase gestochen wurde. Wenn wir nun irgendeine geeignete Person – in unserem Fall könnte das jeder sein, der schon mal von einer Biene gestochen worden ist – fragen, was sie gespürt hat, als sie gestochen wurde, wird die Antwort lauten: »Ich spürte ein Brennen.«

Genau: ein Brennen. Und was verursacht normalerweise ein Brennen? Feuer. Und das führt uns natürlich geradewegs zurück zu den Pythagoreern – und zu einem gravierenden Irrtum in ihrer Vorstellung vom Universum.

Als sie sagten, daß die Erde um ein großes zentrales Feuer kreise, meinten sie damit nämlich nicht die Sonne. Nach Meinung von Pythagoras oder vermutlich seiner späteren Anhänger kreiste die Sonne selbst, wie die Erde und andere Himmelskörper, um dieses Zentralfeuer, das sie den »Altar des Zeus« nannten. Kein menschliches Auge konnte dieses Feuer je sehen, so erklärten sie, weil die bewohnten Teile der Erdkugel stets davon abgewandt seien.

Der brennende Schmerz, den Pu der Bär nach dem Insektenstich verspürt, symbolisiert daher den philosophischen Schmerz darüber, eine liebgewordene Hypothese aufgeben zu müssen. Bemerkenswert ist der unverzagte Mut, mit dem er diese schmerzliche Pflicht in die Tat umsetzt.

Wir können uns zudem lebhaft vorstellen, was er durchgemacht hat, wenn wir lesen: »Aber seine Arme waren davon, daß er die Ballonschnur so lange festgehalten hatte, so steif, daß sie noch länger als eine Woche in die Luft ragten ...« Was für ein großartiges Bild dafür, wie Gewohnheit und Gefühl an einem Glauben festhalten können, den Logik und Vernunft bereits verworfen haben!

Man könnte hier einwenden, daß Pu offenbar zu weit geht und die Hypothese von der Erde als Kugel ebenso aufgibt wie die des pythagoreischen Feuers. Wie sonst wäre der abgeschossene Ballon zu erklären?

Damit kommen wir zu einem zentralen Problem, dem wir im Verlauf unserer Untersuchung immer wieder begegnen werden. Wie weit wagen wir uns in die Regionen dieses »enormen Verstandes« vor, und – eine noch heiklere Frage – dürfen wir behaupten, Einblicke in die Gefühle seines Besitzers gewonnen zu haben? Ist es in diesem besonderen Fall nicht allzu dreist und aufdringlich, über die Gefühle zu spekulieren, die er in dem Augenblick empfindet, als seine Hoffnungen, wie sein Ballon, zerplatzen?

Derlei Skrupel zeugen zwar vom Feingefühl derjenigen, die sie hegen, ich halte sie jedoch für fehl am Platze. Tatsächlich bedeuten sie, so gut gemeint sie auch sein mögen, kein Kompliment für Pu, denn sie legen nahe, daß er selbst auch nur über das begrenzte Wissen der Philosophen verfügt, das er so ausführlich erklärt. Kann ein ernsthafter Ursinologe (ein Forscher, der sich mit dem Großen Bären beschäftigt) annehmen, daß unser universaler Philosoph sich auch nur einen Augenblick von dem pythagoreischen Irrtum täuschen ließe?

Wohl kaum. Anstatt Irrtum und Schmerz zu *erfahren, demonstriert* er sie uns, seinen weniger kundigen Lesern, um uns ihr Verständnis zu erleichtern. Auch wenn wir den zerplatzten Ballon als die (vorübergehende) Abwendung von der Theorie auffassen, daß die Erde rund sei, so gibt Pu selbst sie doch nicht auf, sondern ermahnt uns vielmehr, nicht eine ganze Theorie abzuschreiben, bloß weil es berechtigte Einwände gegen einzelne ihrer Elemente gibt.

3. Vielleicht fragen sich die Leser, warum wir bisher kaum ein Wort über Christopher Robin verloren ha-

ben. Bei unserer dritten Auslegung spielt er jedenfalls eine entscheidende Rolle. Zudem taucht sie seine Funktion im Gesamtwerk in ein neues und möglicherweise verblüffendes Licht.

Der Schlüssel liegt in der überaus aufschlußreichen Bemerkung, die Christopher Robin dem Erzähler gegenüber macht, und zwar kurz nach dem Ballon-und-Honig-Zwischenfall:

> »Das könnte Pu auch gar nicht [das Heffalump fangen], weil er überhaupt keinen Verstand besitzt.«

Die Äußerung führt uns schon zu einem sehr frühen Zeitpunkt vor Augen, daß Christopher Robin absolut unfähig ist, den überragenden Geist zu ermessen, den er die Ehre hat zu kennen. Das wiederum macht deutlich, daß Christopher Robin den durchschnittlichen, gewöhnlichen Geist verkörpern soll, der sich selbst in seinen eigenen engen Grenzen und in seiner ebenso engen Welt vollkommen genug ist.

Wir sollten nicht zu hart über ihn urteilen. Er hat auch seine positiven Seiten. Er ist liebenswürdig und freundlich, wenn auch recht herablassend. Aber er besitzt nun mal in keiner Weise das intellektuelle Format von Winnie-dem-Pu. Selbst das Erziehungssystem, in dem er am Ende verschwindet, ist vermutlich bürgerlich geprägt und wird wohl eher seine Grenzen verfestigen, als seinen geistigen Horizont erweitern.

Dies bedacht, ist es kein Wunder, daß er die tiefere Bedeutung dessen, was sich da vor seinen Augen abspielt, nicht begreift. Er nimmt sogar Pus Scherz für bare Münze, er wolle die Bienen glauben machen, sein mit Schlamm bedeckter Körper sei eine schwarze Wolke vor dem blauen Himmel des Ballons.
Pu ist offenbar der Meinung, ein kindischer Scherz sei das richtige für Christopher Robin, doch wie verblüfft muß er sein, als er feststellt, daß der Scherz ernst genommen wird. Er stellt seinen prosaischen Freund auf die Probe und fragt:

»Wie sehe ich aus?«
»Du siehst aus wie ein Bär, der sich an einem Ballon festhält« …
»Nicht«, sagte Pu besorgt, »wie eine kleine schwarze Wolke in einem blauen Himmel?«
»Nicht sehr.«

Kein Wunder, daß Pu der Bär seine zweite Frage »besorgt« stellte. Man kann nachfühlen, wie seine Hoffnung schwindet, der Freund möge noch einmal überlegen, gründlicher nachdenken und nicht mit wohlwollender, aber dümmlicher Phantasielosigkeit reagieren.

Selbstverständlich sind noch viele weitere Auslegungen der Episode möglich, deren Bedeutung wir erst ansatzweise erschlossen haben. Einige davon werden wir in den nachfolgenden Kapiteln kennenlernen. Andere überlassen wir unseren Lesern, eine Aufgabe, die ihnen sicherlich Spaß bereiten wird. Vorläufig möchten wir nur folgendes festhalten:

1. Wir haben nachgewiesen, daß Winnie-der-Pu unser Wissen erweitern kann, indem er in die Rollen vieler verschiedener Philosophen schlüpft und uns deren spezifische Lehren vor Augen führt. Damit setzt er das Zen-Sprichwort »Einmal gezeigt ist besser als tausendmal erklärt« in die Tat um.
2. Wir müssen uns also darauf gefaßt machen, daß er die beschriebene Methode erneut anwenden wird. So werden wir uns davor hüten, voreilige Schlüsse über den Wert der verschiedenen, jeweils vorgelegten Theorien zu ziehen.
3. Desgleichen sollten wir uns davor hüten, davon auszugehen, daß unser Lehrer der jeweiligen Theorie anhängt, die er uns gerade erläutert.
4. Daraus folgt, daß wir uns häufig sehr unterschiedlichen und sogar widersprüchlichen Ansichten gegenübersehen werden.
5. Wir haben zu unterscheiden zwischen der Darlegung gegensätzlicher Ansichten und der Bewußtmachung mehrerer unterschiedlicher Bedeutungsebenen.

Selbstverständlich werden wir, wenn nötig, auf diese Punkte hinweisen, dennoch werden die Leser bemerken, daß es hilfreich ist, sie sich ständig bewußt zu machen.

Als besonders nützlich erweist sich dieser Rat, wenn wir uns nun der Episode in Kapitel sechs von *Pu der Bär* zuwenden, in der Winnie-der-Pu I-Ah ein Geburtstagsgeschenk macht.

Zu Beginn des Kapitels ist I-Ahs Stimmung noch düsterer als sonst. Als Pu ihn fragt, warum, gibt I-Ah zunächst undurchsichtige und wirre Antworten. Sofort reagiert Pu mit der sokratischen Unwissenheitspose. Wie bei Sokrates so zielen auch Pus Fragen nicht darauf ab, Informationen vom anderen zu erhalten, sondern darauf, sein Gegenüber zur Klärung seiner eigenen Gedanken zu veranlassen.

Rasch bringen diese Fragen die folgenden Tatsachen ans Licht. Es ist I-Ahs Geburtstag. Er hat keine Geschenke bekommen, keinen Geburtstagskuchen.

»... keiner nimmt richtig von mir Notiz ...«

Der freundliche Bär ist sofort bemüht, I-Ah zu trösten. Er eilt nach Hause, um ein Geschenk zu besorgen. Als er Ferkel trifft, drängt er es, I-Ah auch etwas zu schenken. Zunächst beschließt Pu, I-Ah »einen ganz kleinen Topf Honig« zu schenken, und bestärkt Ferkel in der Idee, einen Ballon zu schenken.

Daß jemand den erneut auftauchenden Zusammenhang zwischen Honig und Ballon übersehen und nicht die naheliegenden Schlüsse ziehen könnte, scheint nahezu unvorstellbar. Es gereicht der Forschung nicht gerade zur Ehre, daß sie dies bislang versäumt hat.

Jeder begeisterte Leser, mag er auch noch so oberflächlich sein, wird sich erinnern, daß keines der beiden Geschenke in seinem ursprünglichen Zustand I-Ah erreicht. Ferkel fällt auf den Ballon, so daß er zerplatzt. Pu selbst ißt unterwegs den ganzen Honig auf.

An diesem Punkt könnten die Kleingläubigen versucht sein, sich auf die Seite der Christopher Robins dieser Welt zu schlagen, und Pu bestenfalls für einen gutmütigen Tölpel halten. Sie könnten ihn gar als selbstsüchtig und gierig abqualifizieren und denken, daß es töricht und heuchlerisch ist, I-Ah den leeren Honigtopf zu schenken und dann auch noch von einem »nützlichen Topf« zu sprechen. Sie befürchten, daß I-Ah am Ende noch trauriger sein wird als zuvor.

Aber wie reagiert der wirklich? Er stellt entzückt fest, daß er die Überreste des Ballons in den »nützlichen Topf« stopfen und sie auch wieder herausnehmen kann. Ferkel spricht ihn an. »Aber I-Ah hörte gar nicht hin. Er holte den Ballon heraus und steckte ihn wieder zurück, und er war so glücklich, wie man nur sein kann ...«

Wie ist diese Episode vor dem Hintergrund dessen zu deuten, was wir bereits über den Symbolgehalt von Honig und Ballon wissen? Betrachten wir zunächst die unbestreitbaren Fakten.

1. I-Ah ist glücklich.
2. Er ist »so glücklich, wie man nur sein kann«.
3. Dieses Glücksgefühl ist Folge der Geschenke, die er bekommen hat.

Die Aussage, daß er so glücklich ist, wie man nur sein kann, verdient eine genauere Betrachtung. Diese Redewendung zum Ausdruck eines hohen Maßes an Glück ist so geläufig, daß ihre genaue Bedeutung nur allzu leicht übersehen wird.

In philosophischen Werken dürfen wir erwarten, daß die Wörter mit strengster Exaktheit verwendet werden, und bei Milne wird diese Erwartung nie enttäuscht. Demzufolge müssen wir diese Aussage so deuten, daß I-Ah so glücklich ist, wie es ihm seine individuelle Natur ermöglicht. Wir haben nicht alle die gleiche Befähigung zum Glück. Unterschiedliche Dinge machen unterschiedliche Menschen glücklich. Mit anderen Worten, die Geschenke, die I-Ah bekommt, sind für ihn absolut angemessen, obwohl sie für jemand anderen vielleicht absolut unangemessen gewesen wären.

Selbst auf der bloß materiellen Ebene wäre Honig nicht unbedingt das richtige gewesen. Wir wissen aus Kapitel zwei von *Pu baut ein Haus*, daß I-Ahs Lieblingsnahrung Disteln sind. Er verrät uns sogar selbst, daß er sich einen besonders saftigen Flecken mit Disteln für seinen Geburtstag aufspart.

Damit haben wir zwar noch immer nicht die tiefere Bedeutung gefunden, doch wir sind nicht mehr weit davon entfernt. I-Ah ist offenbar unfähig, die philosophische oder wissenschaftliche Wahrheit zu empfangen. Sie ihm aufzuzwingen wäre eindeutig unhöflich gewesen. Nach kurzem Nachdenken erkennt Pu, daß seine ursprüngliche Absicht, I-Ah den Honig der Wahrheit zu überreichen, unangemessen ist, und handelt entsprechend.

Was also ist unter dem »nützlichen Topf« zu verstehen? Nicht zum ersten- oder letztenmal liefern Ernest H. Shepards wundervolle Zeichnungen an dieser Stelle eine wesentliche Hilfe zum Verständnis des Textes. Er zeigt uns einen grob zylindrischen Topf, der in der Höhe größer ist als im Durchmesser. Welche kosmologische Theorie drängt sich da auf?

Sofort fällt uns Anaximander aus Milet ein, der im frühen sechsten Jahrhundert erklärte, die Erde sei ein kurzer Zylinder wie die »Trommel einer Säule«. Wenn wir über diesen Umstand und seine logischen Folgen nachdenken, können wir über Pus überragende Fähigkeiten als Lehrer nur staunen.

Er hat erkannt, daß ein so simpler Geist wie der von I-Ah das heliozentrische Weltbild nicht so ohne weiteres akzeptieren kann. Es muß ihm Schritt für Schritt nähergebracht werden. I-Ah muß sogar dazu gebracht werden, sich die Geschichte der kosmologischen Theorie vor Augen zu führen – in vereinfachter Form, versteht sich. Gibt es einen besseren Ausgangspunkt für ihn als die frühe Theorie des Anaximander? Der Topf ist ein fester Gegenstand, den I-Ah sehen und anfassen kann. Sein physisches *Er*greifen des Topfes wird ihm schließlich ein geistiges *Be*greifen der Theorie ermöglichen. Und damit wiederum hat er sich selbst die Voraussetzung dafür geschaffen, seine geistige Reise zur Wahrheit anzutreten.

Das Zerplatzen des Ballons läßt erahnen, wie schwer es I-Ah in dieser Phase seiner geistigen Entwicklung gefallen wäre, die Kugelform der Erde zu akzeptieren. Sein Glücksgefühl, als er den geplatzten Ballon in den »nützlichen Topf« legt und wieder herausnimmt, beweist Pus außergewöhnliches Feingefühl und seine enorme Urteilskraft bei der Auswahl des für den Empfänger passenden Geschenks. Denn indem I-Ah mit diesen beiden Theorien der Welt spielt, lernt er, sich in Harmonie mit seinem eigenen Rhythmus zu bewegen, und erst in dem Moment, da er bereit dazu ist, von der falschen zur wahren Vorstellung zu gelangen.

Wir können sicher sein, daß er den Ballon eines Tages herausnehmen und nicht wieder hineinlegen wird und ihn, wenn auch nur im Geist und nicht real, wieder aufblasen wird, als Zeichen dafür, daß er die Wahrheit erkannt hat. Eine Wahrheit, zu der er auf keinem anderen Wege gelangt wäre. Und jetzt erst wird uns die wahre Nützlichkeit des »nützlichen Topfes« klar.

## Pu und Platon

Natürlich fragen sich unsere Leser angesichts der Hinweise darauf, daß Pu die sokratische Maske der Unwissenheit aufgesetzt hat, was Winnie-der-Pu uns über Platon zu erzählen hat. Sehen wir uns nun eine Textstelle an, die auf den ersten Blick nichts mit dem großen Griechen zu tun hat. Ihre Bedeutung wird sich uns jedoch sogleich erschließen.
Eines Morgens komponiert Pu der Bär auf dem Weg zu Christopher Robin ein neues Lied. Die erste Zeile fliegt ihm förmlich zu ...

»*Singt Ho! der Bär soll leben.*«

Dann gerät er einen Moment ins Stocken, bis die Inspiration zurückkehrt und er rasch eine anspruchsvolle neunzeilige Strophe dichtet. Die letzte Zeile lautet:

»Er braucht einen kleinen Mundvoll ab und zu!«

»Er war so zufrieden mit diesem Lied, daß er es den ganzen Weg über sang, bis ganz oben im Wald.« Dann fällt ihm auf – und darin liegt die eindeutige Verbindung zu platonischen Gedanken –, daß er schon sehr bald wieder »einen kleinen Mundvoll« braucht, und nicht bloß ab und zu, und daß dann die letzte Zeile nicht mehr stimmen wird.

Von Platon ist allgemein bekannt, daß er die Dichter aus seinem idealen Staat verbannte, hauptsächlich deshalb, weil sie die Unwahrheit erzählten (*Der Staat*, Buch zwei und drei). Was macht also Pu der Bär? Sobald er feststellt, daß die letzte Zeile unwahr ist, wandelt er sie in ein Gesumm um.

Platon selbst stellt im zehnten Buch des *Staates* die einlenkende Frage, ob der Dichtkunst nicht die Rückkehr aus ihrer Verbannung gestattet werden sollte, »wenn sie sich in lyrischen oder anderen Versmaßen verteidigt hat?«. Genau das hat Pu getan. Sobald ihm auffällt, daß die störende Zeile nicht mehr stimmt, ändert er sie. Damit wählt er eine Form der Verteidigung ex negativo, nämlich alles zu entfernen, was Platon berechtigterweise kritisieren könnte. Dann summt er vor sich hin, womit er indirekt zu verstehen gibt, daß sich die Poesie »in lyrischen oder anderen Versmaßen« verteidigen kann, ein Hinweis, den er an vielen anderen Stellen weiterentwickelt.

Somit hat Winnie-der-Pu in einer einzigen kurzen Passage Platons Kritik als teilweise berechtigt anerkannt, aber eben nur teilweise. Und er hat Platon sozusagen mit dessen eigenen Waffen geantwortet, indem er beweist, daß die Dichtung sich genau in der Weise verteidigen kann, wie Platon es nach eigenem Bekunden akzeptieren würde. Da Platon selbst ganz offensichtlich der Auffassung war, daß eine solche Verteidigung nicht wirklich möglich sei, zeigt Pus Lösung, daß er die Weite von Platons Gedanken ermessen kann und zu schätzen weiß und dann sogar noch in der Lage ist, über sie hinauszugehen. Kurz gesagt, Pu umfaßt in seinem Denken Platon in seiner Ganzheit, während Platon Pus Gedankenwelt nur teilweise umfaßt.

Wir sollten nicht meinen, daß unser Autor die Lied-Episode an einer beliebigen Stelle eingefügt hätte. Er plazierte sie zu Beginn des Kapitels »In welchem Christopher Robin eine Expotition zum Nordpol leitet«, denn gerade dieses Kapitel macht das platonische Denken ganz besonders anschaulich.

Der nächste Verweis auf Platon findet sich unmittelbar im Anschluß an die Lied-Passage. Als Pu zu Christopher Robin kommt, bereitet der gerade eine Expedition (oder Expotition) zum Nordpol vor. Wir übergehen ein weiteres Beispiel für die sokratische Unwissenheitspose und konzentrieren uns auf den verblüffenden Umstand, daß wir auf dem engen Raum von nur fünfzehn Zeilen nicht weniger als sieben »X« finden.

Nun zählt das X zu den am seltensten vorkommenden Buchstaben unserer Sprache. Wir müssen wohl nicht erst komplizierte Berechnungen anstellen, um nachzuweisen, daß ein Durchschnittswert von einem X pro 2,14 Zeilen recht ungewöhnlich ist. Die X-Frequenz, so möchten wir es nennen, liegt sogar noch höher, wenn wir eine Passage von acht X-losen Zeilen zwischen dem fünften und sechsten X außer acht lassen. Dann ergibt sich eine wahrlich atemberaubende Häufung von sie-

ben X auf sieben Zeilen, also eins zu eins. (Die Berechnungen erfolgten bis auf zwei Stellen hinter dem Komma.)
Kann man da noch von purem Zufall sprechen? Von einem unvermeidbaren Umstand, da das Gespräch der beiden sich um eine Expedition dreht? Der Leser bedenke, daß wir uns hier mit einem überragenden Werk der abendländischen Philosophie auseinandersetzen. Nicht ein Wort, nicht ein Buchstabe, nicht ein Komma ist darin ein Produkt des Zufalls. Alles besitzt eine tiefere Bedeutung. Und selbst das ist noch eine Untertreibung. Alles in diesem Werk besitzt mehrere tiefere Bedeutungen.
Schauen wir uns an, in welcher Weise der Autor unsere Aufmerksamkeit speziell auf diesen Buchstaben X lenkt. Als Pu fragt:

»Wohin müssen wir, um auf diese Expotition zu kommen?«

antwortet Christopher Robin:

»Expedition, dummer alter Bär. Da ist ein ›X‹ drin.«

Es ist unglaublich, aber wahr, daß die Pu-Forschung diese entscheidende Passage bis zum heutigen Tag entweder ignoriert oder als Scherz eingestuft hat. Nicht ein einziges Mal wurde die Frage aufgeworfen, warum Christopher Robin »Expotition« in »Expedition« korrigiert – also aus »ot« ein »ed« macht –, um dann unsere Aufmerksamkeit auf das X zu lenken, das doch in beiden Versionen gleichermaßen vorhanden ist. Und drei Seiten weiter erklärt Pu dem besorgten Ferkel das Wort »Expotition« lediglich als etwas, das ein X enthält.

Worauf deutet dieses Signal hin? Welche Bedeutung hat X für uns? Zunächst einmal ist es die unbekannte Größe. Das ist in einem Zusammenhang durchaus passend, in dem es um eine Expedition ins Unbekannte auf der Suche nach dem Unbekannten geht. Doch das ist nur der erste Schritt. Wir benötigen noch einen, der uns direkt zu Platon führt. Welcher ist das?

Platon war eher ein Meister des Allgemeinen und des Abstrakten als des Besonderen und des Konkreten. Daher spricht wohl nichts dagegen, die Bedeutung des X von der »unbekannten Größe« auf das allgemeine »mathematische Symbol« zu erweitern.

Jetzt liegt alles klar auf der Hand. Wie wir wissen, brachte Platon über dem Eingang der Akademie die Inschrift an: »Niemand, der ungeometrisch ist, darf hier eintreten.« Darin spiegelte sich natürlich der bekannte Zusammenhang zwischen dem Platonismus und der pythagoreischen Schule wider. Und eine wichtige pythagoreische Lehre besagt, daß das Universum eine mathematische Grundlage habe – ein geniale Vorweg-

nahme einiger Theorien der modernen subatomaren Physik.
Somit wird deutlich, daß die »Expotition« zum Nordpol allegorisch die Suche nach der Grundstruktur des Universums abbildet. Und es wird sich niemand mehr darüber wundern, daß gerade Winnie-der-Pu diese Grundstruktur entdeckt.
Bemerkenswert ist zudem Milnes geschickte Verknüpfung der Philosophiegeschichte mit seiner Allegorie. Sie veranschaulicht nämlich die dauerhafte enge Beziehung der Kosmologie zu Metaphysik, Ethik und Erkennnistheorie.
Da wir bereits auf den begrenzten Verstand Christopher Robins hingewiesen haben, mag dem einen oder anderen Leser bei dieser Gelegenheit entgehen, daß er einen wichtigen – und zwar platonisch relevanten – Beitrag leistet. Pu fragt ihn: »Was *ist* der Nordpol?«

> »Das ist eben etwas, das man entdeckt«, sagte Christopher Robin leichthin, denn genau wußte er es auch nicht.

Selbst unter begeisterten Milneschen Ursinologen wird sich die Mehrheit auf die Aufdeckung von Christopher Robins Unwissenheit konzentrieren und davon ausgehen, daß es sich hier lediglich um ein weiteres Beispiel dafür handelt, wie Pu sokratisch seinem Gefährten klarmacht, daß er gar nicht weiß, wovon er redet.

Das ist zwar wahr, aber es ist eine belanglose Wahrheit. Wichtig in dieser Passage ist Christopher Robins Aussage: Der Nordpol ist etwas, das man *entdeckt*. Das heißt, er ist etwas, das objektiv existiert, ganz unabhängig von irgendwelchen Beobachtern oder Entdeckern. Das entspricht natürlich haargenau der Sichtweise der bis zum heutigen Tag platonisch genannten Mathematik und steht im Gegensatz zum mathematischen Konventionalismus, der behauptet, daß lediglich die anerkannten Regeln darüber entscheiden, ob eine mathematische Aussage richtig oder falsch ist, und daß diese anerkannten Regeln änderbar sind.

## I-Ah und die platonischen Ideen

Die genannten Beispiele decken längst nicht alle Anspielungen auf Platon im erwähnten Kapitel ab. Auch I-Ah hat Wertvolles beizusteuern. Nur beiläufig sei darauf hingewiesen, daß seine Fähigkeit, etwas Erkenntnisförderndes beizutragen, den Fortschritt verdeutlicht, den er seit Kapitel eins gemacht hat: ein Beleg für Pus Feingefühl und seine Fähigkeiten als Pädagoge und Philosoph.
Da I-Ah nun mal I-Ah ist, kleidet er seine platonische Anspielung natürlich in eine Klage. Als die Nordpolforscher sich in einer Reihe aufstellen, um loszumarschieren, sagt I-Ah: »... wenn ich das Ende der Expo – wovon wir gerade reden – sein soll, dann laßt mich

auch das Ende *sein*.« Er beklagt sich darüber, daß »ein halbes Dutzend von Kaninchens kleineren Bekannten und Verwandten« hinter ihm sind, so daß es in seinen Augen »keine Expo – also das, was es ist – mehr [ist], sondern ganz einfach heillose Verwirrung, noch dazu mit Lärm verbunden.« In dieser kurzen Passage spricht I-Ah von »Ende«, »Expo – also das, was es ist« und »heilloser Verwirrung, noch dazu mit Lärm verbunden«. Ganz offensichtlich geht er davon aus, daß jeder dieser Ausdrücke – »Ende«, »Expotition«, »heillose Verwirrung mit Lärm« – eine zutreffende und eigene Bedeutung hat, und er bemängelt, daß die Wirklichkeit ihnen nicht entspricht.

Der Platonismus wird in ein neues Stadium überführt, oder vielleicht sollten wir besser sagen, daß unser Verständnis von ihm erweitert wird. Wir haben bereits gesehen, wie er auf die Mathematik angewendet wurde. Jetzt erkennen wir ein Beispiel für Platons bekannteste Lehre, das Herzstück des Platonismus: die Lehre, daß die irdischen Dinge lediglich Abbilder der ewigen Ideen oder Formen sind. I-Ahs Beschwerde impliziert, daß es eine wahre platonische Idee oder Form von »Ende« gibt und daß wir kein Recht haben, diesen Namen auf etwas anzuwenden, das in keiner Weise dieser Idee entspricht, etwas, das nicht lediglich ein schlechtes Abbild ist, sondern eigentlich gar keines.

Unter Berücksichtigung einiger feiner Unterschiede

gilt dasselbe auch für die anderen Ausdrücke. Der erste Unterschied, der uns auffällt, ist I-Ahs sich wiederholendes Unvermögen, das Wort »Expotition« vollständig auszusprechen. Dazu bieten sich verschiedene Interpretationen an.

Wir könnten vermuten, daß I-Ah, der sich ja noch immer in einer frühen Phase seiner philosophischen Entwicklung befindet, entweder das Wort oder die Vorstellung oder beides nicht voll erfaßt, obwohl er sicher ist, daß keines von beiden eine »heillose Verwirrung mit Lärm« ist.

Oder wir könnten vermuten, daß er sich darüber im klaren ist, daß »Expotition« nicht die normale Form ist, und er Zweifel hegt, ob eine abnorme Wort-Form sich auf eine platonische Idee beziehen kann.

Wir müssen einräumen, daß »heillose Verwirrung mit Lärm« ein grundsätzlich anderes Bild darstellt, und noch dazu eines, das einen weiteren Aspekt in Platons Philosophie anspricht: die Theorie vom Anfang des Universums. Denn was ist I-Ahs »heilloses Durcheinander mit Lärm« anderes als das ursprüngliche Chaos, von dem in Platons *Timaios* die Rede ist und das existierte, *bevor* die Welt entstand?

Auf die für ihn typische Weise drückt I-Ah dasselbe Entsetzen angesichts dieser anfänglichen universalen Anarchie aus, das uns auch in Othellos »Dann kehrt das Chaos wieder [III, 3], in Miltons »Reich des Chaos und der alten Nacht« begegnet und, vielleicht nicht

ganz so bekannt, aber ebenso eindringlich, am Ende von Popes *Dummkopfiade*:
»Weh! Dein grausam Reich, o Chaos, wächst hinfort
Das Licht entflieht vor dem zerstörerischen Wort;
Großer Rebell, dein Arm er läßt den Vorhang fallen,
Und allumfassend Dunkel dräuet allen.«

Da I-Ah in diesem Teil des Kapitels der Hauptvertreter der platonischen Philosophie ist und sein Schwanz im gesamten Werk ein wiederkehrendes Thema darstellt, wundert es nicht, daß er auf die platonische Idee des Schwanzes anspielt. Die Anspielung ist ein wenig indirekt, daher werden wir sie verdeutlichen. Als Klein-Ruh in den Fluß fällt, versucht I-Ah, es zu retten, indem er seinen Schwanz ins Wasser baumeln läßt, damit Ruh sich daran festhalten kann. Er läßt seinen Schwanz auch dann noch ins Wasser hängen, als Ruh schon längst – ohne daß I-Ah davon weiß – gerettet worden ist.

Als er seinen Schwanz schließlich herausholt, ist der gefühllos geworden, und er murrt über den verbreiteten Mangel an Verständnis für Eselsschwänze und die damit zusammenhängenden Probleme. »Für *sie* ist ein Schwanz kein Schwanz, sondern nur eine kleine Zugabe hinten am Rücken.« Anders ausgedrückt, er beschuldigt alle anderen, die »ideale Form des Schwanzes« zu ignorieren und ebenso alles, was diese Form – wenn man so sagen darf – nach sich »schweift«.

Auf den möglichen Einwand, diese Interpretation lege ja die Vermutung nahe, daß I-Ah allmählich von dem Problem von Idee und Form besessen sei, lautet die schlichte Antwort, daß neue Schüler, ganz gleich in welchem Fach, häufig einen etwas übertriebenen Enthusiasmus für einen überragenden Geist in ihrem Studiengebiet an den Tag legen.

Für I-Ah, dessen Welt bislang außergewöhnlich eng und prosaisch gewesen war, muß die Entdeckung der Welt der platonischen Ideen ungemein aufregend und befreiend gewesen sein. Wenn er also ein wenig davon berauscht wird, so hat er dafür sicherlich eher Verständnis als Kritik verdient.

## *Pu und der Nordpol*

Bevor wir dieses Kapitel von *Pu der Bär* verlassen, müssen wir zu unserer Hauptfigur zurückkehren. Schließlich findet Winnie-der-Pu höchstpersönlich den Nordpol (also die Grundstruktur des Universums). Das war zu erwarten, doch bemerkenswert ist, wie subtil Milne hier vorgeht.

Während die anderen, wie I-Ah (siehe oben), gutgemeinte, aber vergebliche Versuche unternehmen, Ruh zu retten, »holt [Pu] bereits etwas«. Dieses Etwas ist ein langer Pfahl, den er mit Kängas Hilfe dazu benutzt, Ruh aus dem Bach zu fischen. Was passiert dann?

... Christopher Robin hörte nicht zu. Er sah Pu an.

»Pu«, sagte er, »wo hast du diesen Pfahl gefunden?«

Pu betrachtete den Pfahl in seinen Händen.

»Ich habe ihn gerade gefunden«, sagte er. »Ich dachte, er könnte vielleicht nützlich sein. Ich habe ihn einfach aufgehoben.«

»Pu«, sagte Christopher Robin feierlich, »die Expedition ist vorbei. Du hast den Nordpol gefunden!«

Diese Passage ist so bedeutungsvoll, daß wir uns hier auf das Wichtigste beschränken müssen.

Betrachten wir zunächst, wie dieser Pfahl eingeführt wird. Nicht als Zielobjekt der Suche, sondern als Mittel, um Ruh zu retten. Ein wundervolles und leider viel zu seltenes Beispiel für die Verknüpfung von philosophisch-wissenschaftlicher Wahrheitssuche mit der ethischen Aufgabe der Sorge um den Nächsten.

An zweiter Stelle, und eng mit ersterem verbunden, verdient das ungeheure Taktgefühl Beachtung, das der Autor dadurch beweist, daß er Känga zu Pus Helferin bei der Rettung ihres Kindes macht.

Und schließlich ist Pus Aussage bemerkenswert, er habe den Pfahl/Pol »gerade gefunden« beziehungsweise »einfach aufgehoben«. Damit wird das Zufallselement, das reine Glück angesprochen, das bei so vielen wissenschaftlichen Entdeckungen eine entscheidende Rolle spielt. Noch bedeutsamer für die platonischen Implikationen ist, daß Pu seine tiefgründigsten Lehren, wie auch der große Grieche, nicht allen offenbart. Mittlerweile hat gewiß auch der letzte Leser erkannt, daß Pus Unkenntnis über die wahre Natur des Pfahls nur vorgespiegelt ist. Diesmal jedoch handelt es sich nicht bloß um die sokratische Unwissenheitspose, sondern vielmehr um das behutsame Bewahren von Geheimnissen, die für diejenigen, die noch ganz am Anfang des Erkenntnisweges stehen, zu tief wären.

## *Pu und Platons Gastmahl (Symposion)*

Viele Leser haben sich kritisch darüber geäußert, daß das Essen in Pus Welt einen so großen Platz einnimmt; und nicht nur das Essen, sondern auch das Feiern. Für Pu und seine Freunde ist Essen nicht nur schlichte Nahrungsaufnahme, nicht nur Befriedigung eines körperlichen Bedürfnisses: Es ist, selbst auf einer oberflächlichen Ebene, Anlaß zur Freude und, bei einigen Schlüsselereignissen, zu geselligem Beisammensein.
Nachdem wir nun auf die Fülle des platonischen Denkens im *Pu*-Textkorpus aufmerksam geworden sind, verbinden wir den erwähnten Aspekt natürlich sofort mit Platons *Symposion*. Christopher Robins Party am Ende von *Pu der Bär* bildet die deutlichste Parallele. So wie das von Platon beschriebene Gelage zu Ehren von

Agathon gegeben wurde, weil er den großen Dramenwettstreit gewonnen hatte, so wird unsere Party zu Ehren von Pu dem Bären gegeben, weil er mit seinem Mut und Einfallsreichtum Ferkel vor der Überschwemmung gerettet hat.

In der Erklärung des Erzählers, daß »sie alle fast genug gegessen hatten«, klingt – in gemäßigter Form – die Stelle bei Platon an, in der es heißt, »daß jeder nach Belieben trinkt und jeder Zwang ausgeschlossen ist«. Bei Platons *Gastmahl* wurde das Thema der Liebe erörtert. Bei Christopher Robins Party ist Winnie-der-Pu Gegenstand der Diskussion. Vorab mögen wir uns daran erinnern, daß Sokrates feststellt, »Eltern des Eros gibt es nicht«, und wir sollten uns in Erinnerung rufen, daß offenbar auch Pu der Bär elternlos ist.

Derart vorbereitet werden wir, wie schon so oft, nach vielen Bedeutungsebenen in Milnes facettenreichem Meisterwerk suchen. Das ist um so ratsamer, als Platon durch den Mund des Sokrates die vielen Ebenen der Liebe hervorhebt.

Auf der vordergründigsten Ebene ist Pus Rettung von Ferkel ein Beispiel für praktizierte Liebe. Doch ebenso wie Sokrates aufzeigte, daß die Liebe aufstrebt, bis sie zur hingebungsvollen Schau abstrakter Wahrheit und Schönheit wird, so, da können wir sicher sein, symbolisiert die Liebe des großen Bären zu Honig und »kleinen Kuchendingern mit rosa Zuckerguß« seine Liebe zur philosophischen Wahrheit.

## Pu und Aristoteles

In den vorangehenden Überlegungen haben wir hinreichend aufgezeigt, wie tief die *Pu*-Texte von der platonischen Lehre durchdrungen sind. Wenden wir uns nun den gleichfalls reich vorhandenen Schätzen der aristotelischen Philosophie zu.

Aristoteles selbst betrachtete die Logik als wesentliches Werkzeug des Philosophen, und die von ihm entwickelte Logik war zweitausend Jahre lang maßgeblich, bis im neunzehnten Jahrhundert die moderne Logik geboren wurde. Somit dürfen wir denn auch davon ausgehen, daß Milne in seinem Meisterwerk auf die aristotelische Logik Bezug nimmt. Und wir werden nicht enttäuscht. Betrachten wir den letzten Absatz des folgenden Zitats einmal genauer.

Als Pu eines Tages I-Ah besucht (PB, Kap. 4), stellt er fest, daß etwas fehlt.

> »Was *ist* denn mit deinem Schwanz passiert?« sagte er überrascht.
> »Was ist denn mit ihm passiert?« sagte I-Ah.
> »Er ist nicht da!«
> »Bist du sicher?«
> »Also, entweder *ist* ein Schwanz da, oder er ist nicht da. Da kann man keinen Fehler machen …«

Wenn Pu uns mitteilt, daß I-Ahs Schwanz notwendigerweise entweder vorhanden ist oder nicht und daß es da keinen Mittelweg gibt, konstatiert er eines der grundlegenden Axiome der aristotelischen Logik, den Satz vom ausgeschlossenen Dritten.

Wir haben uns deshalb zuerst mit der Logik des Aristoteles beschäftigt, bevor wir uns anderen Bereichen seiner Philosophie zuwenden, weil die meisten Philosophen, darunter auch Aristoteles selbst, die Logik als notwendige Voraussetzung jeder Philosophie betrachten. Jetzt kommen wir noch einmal auf eine frühere Textpassage zurück, die zwei weitere Schlüsselelemente der aristotelischen Philosophie zusammenfaßt. Sie beginnt damit, daß Pu ein Summen hört.

> »Wenn es ein Summgeräusch gibt, dann macht jemand ein Summgeräusch, und der einzige Grund dafür, ein Summgeräusch zu machen, den *ich* kenne, ist, daß man eine Biene ist.«

Zunächst einmal fällt auf, daß Pu davon ausgeht, die Wirkung – Summen – habe eine Ursache, etwas, das sie geschehen läßt. Damit liegt genau das vor, was Aristoteles die *wirkende Ursache* nennt (wobei »wirkend« bedeutet, daß sie »eine Wirkung« hat). Zweitens folgert er sogleich, daß Bienen die wirkende Ursache des Summens sind, weil das Summen Wirkung ihres Handelns ist.

Ganz nebenbei bemerken wir, daß er diese Schlußfolgerung aufgrund seiner Kenntnis der Bienen zieht. Diese Kenntnis der natürlichen Welt, die just in diesem Augenblick deutlich wird, erinnert uns daran, daß Aristoteles nicht nur ein großer Philosoph, sondern auch ein bedeutender Biologe war. Es sei jedoch darauf hingewiesen, daß jedwede Irrtümer, die Aristoteles in der Biologie unterliefen, stets darauf zurückzuführen waren, daß er abstrakte Theorie an die Stelle konkreter Beobachtung gesetzt hatte. Ein Irrtum, der Pu dem Bären nie unterlief.

Nach weiterem Nachdenken über das Summen fügt Pu hinzu: »Und der einzige Grund dafür, eine Biene zu sein, den ich kenne, ist, Honig zu machen ... Und der einzige Grund, Honig zu machen, ist, damit ich ihn essen kann.« In beiden Aussagen setzt Pu hier einen Grund voraus, und Grund hat hier eindeutig die Bedeutung von Zweck. Und die Vorstellung eines Zwecks hat in der aristotelischen Philosophie fundamentale Bedeutung. Fachsprachlich ausgedrückt würde man sagen, daß sie zutiefst teleologisch war und daß Aristoteles den Zweck einer Handlung als *Causa finalis* (also Zweckursache) bezeichnete. Pu liefert uns hier zwei Beispiele einer *Causa finalis*: die *Causa finalis* der Bienen ist es, Honig zu machen; die *Causa finalis* von Honig ist es, Pu zu nähren.

In zwei kurzen, klaren und unterhaltsamen Abschnitten von *Pu der Bär* wird uns also die aristotelische Logik, zwei seiner vier Grundsätze und seine grundlegend teleologische Denkweise nahegebracht.

## Pu, die Stoiker und die Epikureer

Obgleich Platon und Aristoteles nach wie vor die überragenden Gestalten der griechischen Philosophie sind, gab es auch andere bedeutsame Schulen, die wir nicht vernachlässigen sollten. Ebensowenig, wie unser Autor es tat. Die meisten von uns haben die Begriffe »Stoiker« oder »Epikureer« oder Ableitungen davon zumindest schon einmal gehört. Welchen Niederschlag haben sie im *Pu*-Werk gefunden?

Im alltäglichen Sprachgebrauch bedeutet Stoizismus das klaglose Akzeptieren von Leiden jeder Art. Alles in allem ist diese Definition einigermaßen korrekt. Epiktet, vielleicht der berühmteste unter den späteren Stoikern, forderte seine Schüler auf, eine innere Freiheit zu erlangen, durch die sie, unabhängig von äußeren Umständen, glücklich sein könnten. Sowohl Pu der Bär selbst als auch seine Gefährten veranschaulichen diese Haltung.

Auf die Frage, welche Figur in Pus Freundeskreis wohl der größte Leidende ist, wird jeder unter uns I-Ah nennen. Gleich bei unserer ersten Begegnung mit ihm ist er in trauriges Nachdenken versunken. Obwohl er sich freut, Pu zu sehen, begrüßt er ihn »in düsterer Weise«. Bei unserer zweiten Begegnung befindet er sich in der traurigen Lage, daß keiner seiner Freunde an seinen Geburtstag gedacht hat. Dennoch ist seine Haltung wahrhaft stoisch und gelassen zugleich. Als Pu ihn fragt, was denn los sei, entgegnet I-Ah:

> »Nichts, Pu Bär, nichts. Nicht jeder kann es, und mancher läßt es ganz. Das ist der ganze Witz.«
> »Nicht jeder kann *was*?« ...
> »Frohsinn. Gesang und Tanz ... Bonno-Mi«, fuhr I-Ah düster fort ... »Ich beklage mich ja gar nicht, aber so ist es nun mal.«

Man beachte seine eindeutige Aussage, daß er sich nicht beklagt, womit jedes Mißverständnis ausgeschlossen sein sollte, und sein Hinnehmen der »Dinge, wie sie sind«, ein weiterer Verweis, den es zur gegebenen Zeit zu analysieren gilt.

Wenige Zeilen weiter fragt I-Ah: »Warum sollte ich traurig sein? Ich habe Geburtstag. Der glücklichste Tag des Jahres.«

Wir müssen einräumen, daß sein Stoizismus kurz darauf zusammenzubrechen droht. Er hat Pus Geburtstagsglückwünsche erwidert. Verwundert weist Pu darauf hin, daß es nicht *sein* Geburtstag sei. I-Ah erklärt:

> »... Man möchte sich ja nicht immer nur an meinem Geburtstag elend fühlen, stimmt's? ... Es ist schon schlimm genug, ... wenn ich mich elend fühle, mit keinen Geschenken und keinem Kuchen und keinen Kerzen, und keiner nimmt richtig von mir Notiz, aber wenn sich alle anderen auch elend fühlen ...«

Wie ist das zu verstehen? Ganz einfach. Wir müssen uns nur in Erinnerung rufen, daß I-Ah noch immer in einer ganz frühen Phase seiner philosophischen Entwicklung steckt. Ebenso wie sich damit seine Fixierung auf die platonischen Ideen erklären – und entschuldigen – ließ, so wird damit auch der gelegentliche Verlust seiner stoischen Gelassenheit verständlich. Glücklicherweise können wir nachweisen, was für enorme Fortschritte er in *Pu baut ein Haus* bereits gemacht hat.

Dort sind wir Zeugen, wie Ruh und Ferkel, die gerade das Spiel »Pu-Stöcke« spielen, I-Ah sehen, der ins Wasser gefallen ist und vorbeigetrieben kommt und »mit den Beinen in der Luft, sehr gelassen und sehr würdevoll aus[sah]«. Er wirkt nicht nur völlig gelassen, sondern begleitet die ziemlich geistlosen Bemerkungen seiner Freunde mit der kühlen Gleichmütigkeit, die Ziel der stoischen Philosophen war.

Doch so interessant die im Zusammenhang mit I-Ah stehenden Beispiele für Stoizismus auch sein mögen, wir erwarten natürlich, daß Pu der Bär selbst uns die aufschlußreichsten und beeindruckendsten Exempel für diese philosophische Geisteshaltung liefert. Und wir sehen uns nicht enttäuscht.

Nachdem er das erste Bienensummen gehört hat, und bevor er seinen Ballonflug unternimmt, klettert er auf der Suche nach Honig auf einen Baum. Als er schon recht hoch geklettert ist, bricht unglücklicherweise der

Ast, auf dem er steht, und er stürzt zu Boden. Wie reagiert er in dieser beängstigenden und schmerzlichen Lage? Gelassen analysiert er seine Situation:

> »Wenn ich nur nicht ...« sagte er, als er sechs Meter tiefer auf dem nächsten Ast aufprallte.
> »Ich wollte nämlich *eigentlich*«, erläuterte er, als er, diesmal kopfüber, neun Meter tiefer auf einen weiteren Ast krachte, »was ich *eigentlich* vorhatte ...«
> »Natürlich war es ziemlich ...« gab er zu, als er sehr schnell durch die nächsten sechs Äste rauschte.
> »Es kommt alles, nehme ich an, daher«, entschied er, als er sich vom letzten Ast verabschiedete, sich dreimal um sich selbst drehte und anmutig in einen Stechginsterbusch flog, »es kommt alles daher, daß man Honig so sehr *schätzt* ...«

In einer Situation, in der die meisten Menschen – vielleicht sogar die meisten Philosophen – auf einen unartikulierten Schrei oder auf eine zwar artikulierte, aber bemitleidenswerte Sprache reduziert wären, erwägt Winnie-der-Pu gelassen die Ursachen seiner Lage, analysiert sein Ziel (auch hier die Teleologie!) und setzt beides in Beziehung zu seiner eigenen Natur – ein Punkt, auf den wir später noch zurückkommen müssen.

Selbst am Tiefpunkt seines Sturzes, was stets dessen gefährlichster Teil ist, reagiert er so entspannt, daß sein Fall in den Stechginsterbusch geradezu anmutig erscheint.

Hätte uns der Autor im Rahmen des liebenswerten Buches, an dem er arbeitete, ein schöneres Beispiel für stoische *Ataraxie* (Unerschütterlichkeit) liefern können? Einige unserer Leser werden vielleicht erstaunt sein, zu hören, daß es auch ein beeindruckendes Beispiel für den Epikureismus darstellt. Denn obwohl allgemein bekannt ist, daß Epikur die Lust für das eigentliche Ziel des Lebens hielt, gerät allzu oft in Vergessenheit, welche Art von Lust er empfahl. Seinen eigenen Worten zufolge bedeutete Lust nichts anderes als die Freiheit von körperlichem Schmerz und seelischem Kummer.

Es liegt auf der Hand, daß sich körperlicher Schmerz nicht immer vermeiden läßt, aber der wahre Epikureer wird seelisch stets unbekümmert bleiben. Epikur selbst, der an Dysenterie und quälendem Harnzwang starb, schrieb auf dem Sterbebett an einen Freund, daß dieser Tag ein »gepriesener Festtag« sei; ein Festtag, weil er zwar körperliche Qualen leide, aber: »Als Gegengewicht gegen alles dies dient die freudige Erhebung der Seele bei der Erinnerung an die zwischen uns gepflogenen Gespräche.« So reichen sich der tote Philosoph und der unsterbliche Bär über achtzehn Jahrhunderte hinweg die Hände.

Der hervorragende Oxforder Philosoph Jonathan Barnes meinte einmal, daß das weitverbreitete Bild vom genußsüchtigen Epikureer im Gegensatz zum puritanischen Stoiker lediglich eine Karikatur sei. Er behauptete sogar, daß ein unbeteiligter Beobachter in Wahrheit kaum einen Unterschied zwischen den Vertretern dieser Schulen würde feststellen können. Es gereicht Barnes zur Ehre, daß er darauf hingewiesen hat, aber Pu der Bär tat dies schon lange vor ihm.

Wir haben unseren Lesern versprochen, daß wir noch etwas näher auf einen weiteren wichtigen Aspekt des Stoizismus eingehen wollen, der bislang nur gestreift wurde, und das auch nur indirekt. Es handelt sich dabei um die Aufforderung der Stoiker, man solle im Einklang mit der Natur leben. Als I-Ah erkennt, daß es ihm an »Bonno-Mi«, wie er es nennt, fehlt, tröstet er sich mit dem Gedanken, »aber so ist es nun mal«, und nimmt so seine eigene Natur als gegeben hin. Denn wir sollten nicht vergessen, daß die Stoiker mit ihrer Aufforderung, im Einklang mit der Natur zu leben, keinesfalls eine primitive und noch weniger eine animalische Lebensweise meinten. Jeder sollte im Einklang mit seiner *eigenen* Natur leben.

Das meint I-Ah ganz offensichtlich, wenn er sagt: »So ist es nun mal.« Das meint auch Pu selbst, wenn er sagt: »Es kommt alles daher, daß man Honig so sehr *schätzt*«, während er vom Baum stürzt. Er erklärt also seine Situation als Folge seiner Natur. Bemerkenswert ist, daß er trotz der großen Unannehmlichkeiten und Gefahren, in denen er sich befindet, in keiner Weise seine Natur oder die Natur des Baumes beklagt, der ihn nicht getragen hat.

Sowohl I-Ah als auch Pu der Bär liefern uns eindeutige

und lehrreiche Beispiele für die stoische Grundhaltung, aber Tieger übertrifft sie darin noch. Die beiden führen uns den vollendeten Stoiker vor Augen, der am Ziel angelangt ist. Tieger führt uns vor Augen, wie man lernt, dieses Ziel zu erreichen. Und das ist für diejenigen unter uns, die noch einen weiten Weg vor sich haben, nicht nur besonders lehrreich, sondern auch besonders ermutigend.
Die entscheidende Passage findet sich in Kapitel zwei von *Pu baut ein Haus*, das Kapitel »In welchem Tieger in den Wald kommt und frühstückt«. Es geht hier also um Tiegers Frühstück. Mit Bezug auf Frühstück stellt unser gastlicher Bär die Frage: »Mögen Tieger Honig?«

»Sie mögen alles«, sagte Tieger vergnügt.

Als Tieger jedoch den Honig probiert, gelangt er rasch zu der Einsicht, daß er ihn nicht mag. Selbst der gleichgültigste Leser von *Pu baut ein Haus* wird sich erinnern, daß sich haargenau der gleiche Ablauf bei Ferkels Heicheln und I-Ahs Disteln wiederholt. Bei jedem ihm angebotenen Nahrungsmittel verkündet Tieger zunächst, daß Tieger genau das am liebsten mögen, doch nachdem er es probiert hat, sagt er, daß Tieger es nicht mögen. Erst als er Ruhs Malzextrakt probiert, breitet sich ein friedvolles Lächeln auf seinem Gesicht aus, und er sagt: »Also *das* mögen Tieger!«

Die Passage – am Ende des Kapitels – setzt sich so fort:

> Und das erklärt auch, warum er danach für alle Zeiten bei Känga wohnte und Malzextrakt einnahm, zum Frühstück, zum Mittagessen und zum Tee.

Mit anderen Worten, nachdem er herausgefunden hat, was seine Natur ist, lebt er fortan im Einklang mit ihr.

Wir haben nun erschöpfend nachgewiesen, daß eine angemessene Lesart von *Pu* uns den gedanklichen Reichtum der antiken klassischen Philosophie nahebringt. Es wäre ein leichtes, das umfangreiche Gedankengut neuplatonischer und mittelalterlicher Philosophie im selben Werk darzulegen, aber ein solches Unterfangen wäre für eine so grundlegende Einführung wie die vorliegende wohl viel zu theoretisch und fachspezifisch. Also machen wir nun einen Sprung zu den rationalistischen Philosophen des 17. Jahrhunderts: Descartes, Leibniz und Spinoza. Ihr Zeitgenosse Hobbes, der sich stets einer eindeutigen Einordnung verweigert hat, wird am Ende des Kapitels behandelt werden, als Mittler zwischen Rationalismus und Empirismus.

# 3
# PU UND DIE RATIONALISTEN DES 17. JAHRHUNDERTS

Die Bezeichnung »Rationalisten des 17. Jahrhunderts« wird gemeinhin auf Descartes (1596–1650), Spinoza (1632–1677) und Leibniz (1646–1716) angewandt. Obwohl es fundamentale Unterschiede zwischen ihren jeweiligen Philosophien gibt, teilten sie die Überzeugung, daß das Wesen des Universums allein mit der Kraft der Vernunft, der ratio, zu ergründen sei; daher ihr Name. Darüber hinaus waren sie gemeinsam der Auffassung, daß im Prinzip alles erklärbar sei. Der Leser darf mit Recht erwarten, daß diese Auffassungen in den *Pu*-Büchern veranschaulicht und kritisch durchleuchtet werden.

Zunächst beschäftigen wir uns mit einem Beispiel für die typisch rationalistische *apriorische* Denkweise. Damit ist gemeint, daß eine Argumentation von Prinzipien und nicht von aus der Erfahrung gewonnenem Wissen ausgeht (siehe dazu Kapitel 4 und 5).

Das von mir gewählte Beispiel ist Pus Suche nach Honig. Wir konnten bereits feststellen, daß darin seine umfassende Aristoteles-Kenntnis zutage tritt. Die Episode macht aber ebenfalls deutlich, daß Pu über den rationalistischen Anspruch im Bilde ist, die Welt durch die reine Kraft der Vernunft erkennen zu können. Wenn er sagt: »Und der einzige Grund dafür, eine Biene zu sein, den ich kenne, ist, Honig zu machen«, bringt er damit prägnant seine Auffassung zum Ausdruck, daß allein die Vernunft ihm ein adäquates Wissen über das Wesen der Bienen vermitteln kann. Dieses hervorragende Beispiel für das Denken eines *apriorischen* Bienenkundlers faßt die rationalistische Position in einem kurzen, denkwürdigen Satz zusammen.

Das mag reichen, um zu zeigen, wie Pu den Rationalismus veranschaulicht. Nun zu seiner Kritik. Wenige Seiten weiter erklärt er Christopher Robin: »Bei Bienen kann man nie wissen.« Diese Skepsis läuft dem selbstbewußten Anspruch, Bienen allein durch die Vernunft zu begreifen, offensichtlich zuwider. Pus frühere Aussage ist und bleibt die brillante Formulierung eines grundlegenden rationalistischen Prinzips, aber er unterwirft dieses Prinzip zugleich einer radikalen Kritik.

Nach kurzem Nachdenken erkennen wir, daß seine Kritik sogar noch weiter geht. Vor allem zeigt sie die Grenzen einer auf sich allein gestellten Vernunft, denn das Wort »nie« negiert zudem die andere große rationalistische Haltung, nämlich den Glauben daran, daß alles erklärbar sei.

Wenn wir uns den einzelnen Theorien der wichtigsten Rationalisten zuwenden, werden wir mit zahlreichen Textbeispielen aus Milnes Werk belegen, daß der Autor ein ebenso profunder Kenner von Descartes, Spinoza und Leibniz war wie von Platon und Aristoteles.

## *Descartes*

Descartes' Suche nach einer Behauptung, die unmöglich angezweifelt werden konnte, brachte ihn schließlich zu seiner berühmten Erkenntnis: »Ich denke, also bin ich.« Etliche moderne Philosophen haben die Auffassung vertreten, daß Descartes die Bedeutung von »ich« einfach als selbstverständlich voraussetzte, während sie doch ungemein komplex ist, und daß er berechtigterweise eigentlich nur hätte sagen können, daß Denken stattfindet. Nirgendwo wird dieses Problem tiefgehender behandelt als in *Pu der Bär*, Kapitel zwei, »In welchem Pu einen Besuch macht und an eine enge Stelle gerät«.

Als Pu zufällig bei Kaninchen vorbeikommt, fragt er: »Ist jemand zu Hause?« Da er keine Antwort bekommt, wiederholt er die Frage. Diesmal wird ihm geantwortet.

»Nein!« sagte eine Stimme; dann fügte die Stimme hinzu: »Du brauchst nicht so laut zu rufen. Beim erstenmal habe ich dich bereits sehr gut gehört.«
»So ein Mist!« sagte Pu. »Ist denn überhaupt niemand da?«
»Niemand.«

Nachdem er die Situation überdacht hat, gelangt Pu zu dem Schluß: »Es muß jemand da sein, denn jemand muß ›niemand‹ ge*sagt* haben.« Also steckt er den Kopf erneut in das Loch und fragt:

»Hallo, Kaninchen, bist du das nicht?«
»Nein«, sagte Kaninchen, diesmal mit anderer Stimme.

Im weiteren Verlauf des Dialogs kommt es zu der Aussage, daß Kaninchen weggegangen sei, um Pu den Bären zu besuchen. Worauf Pu erwidert: »Aber das bin *ich* doch!«

»Welche Sorte von Ich?«
»Pu Bär.«
»Bist du sicher?« ...
»Ganz, ganz sicher«, sagte Pu.

Sobald man in diesem Zusammenhang an Descartes denkt, drängt sich einem förmlich die Erkenntnis auf, daß diese Situation und der aus ihr sich ergebende Dialog die problematische Natur des vermeintlich einfachen Wortes »ich« auf dramatische Weise offenlegt.
Erstens: War es richtig, daß Pu aus der Tatsache, daß er eine Stimme hörte, die sagte, daß niemand da sei, die Anwesenheit von jemandem deduzierte? Wenn ja, welcher Jemand würde sich selbst als »niemand« bezeichnen? Begegnet uns hier ein Jemand, der sich selbst kein »Ich« ist? Und welches Licht – oder vielleicht welche Dunkelheit – wirft das auf das von Descartes so beiläufig übergangene Gesamtproblem?
Damit uns unzweifelhaft klar wird, welches philosophische Problem hier erörtert wird, greift Milne auf ganz

einfache Wörter zurück, als er Kaninchen auf Pus Aussage, daß er »Ich« sei, die Frage stellen läßt: »Welche Sorte von Ich?« Man sollte annehmen, daß die Bedeutung dieser Frage selbst dem oberflächlichsten Leser nicht entgehen wird. Und doch ist sie – welch ein Armutszeugnis für die Philosophen unserer Tage! – bislang niemandem aufgefallen.

Auch die offensichtlichen kartesianischen Verweise in den Abschnitten, die sich mit Christopher Robins Erziehung beschäftigen, wurden von ihnen übersehen. Gewiß kennen alle unsere Leser das Kapitel fünf von *Pu baut ein Haus* – »In welchem für Kaninchen an diesem Tag viel los ist; außerdem erfahren wir, was Christopher Robin morgens macht«. I-Ah teilt Kaninchen und Ferkel – und uns – mit:

> »Was tut Christopher Robin morgens? Er lernt.
> Er wird gebildet.«

Diese Aussage wird im letzten Kapitel untermauert, in dem beschrieben wird, wie Christopher Robin Winnie-den-Pu mit seinem neu erworbenen Wissen regelrecht überschüttet. Er erzählt ihm von Königen und Königinnen, Faktoren, Europa, Saugpumpen, Rittern und den Produkten, die in Brasilien hergestellt werden. Ganz nebenbei sei darauf hingewiesen, daß es typisch für einen Halbgebildeten wie Christopher Robin ist, mit einem Sammelsurium unzusammenhängender Fakten zu protzen. Für unser derzeitiges Anliegen ist jedoch der Gegensatz zu Pu dem Bären von größerer Bedeutung.

Es ist offensichtlich, daß dieser keine systematische Bildung genossen hat. Es ist ebenfalls offensichtlich, wie wir hinreichend bewiesen haben und noch hinreichender beweisen werden, daß er über profunde Kenntnisse und ein tiefes philosophisches Verständnis verfügt. Kartesianisch gedacht, können wir nicht übersehen, daß wir es hier ganz offensichtlich mit einem Beispiel für Descartes' eingegebene Ideen zu tun haben: Ideen, mit denen wir geboren werden und die durch vernunftgemäßes Denken erfaßt werden können. Während Christopher Robin sich nur mühselig banale Fakten aneignen kann, hat Pu Bär sich mit den komplexesten Ideen der größten Philosophen vertraut gemacht, indem er lediglich seine Vernunft gebrauchte, um die Ideen zu betrachten, mit denen er geboren wurde.

Schließlich ist der ganze *Pu*-Textkorpus eine grandiose Widerlegung der bekannten Theorie Descartes', daß Tiere bloß Maschinen seien. Pu Bär, Ferkel, Känga und Oile nur Maschinen? Schon allein durch das Stellen dieser Frage wird ihre völlige Absurdität offenbar. Selbst der kleinste von Kaninchens Bekannten und Verwandten, der an der Expotition zum Nordpol teilnimmt, ist eine vollständige und unverwechselbare Person, mit einem speziellen philosophischen Bezug. Wir lesen –

Und der letzte und kleinste Bekannte und Verwandte war so erschüttert davon, daß die gesamte Expotition »Pst!« zu *ihm* sagte, daß er sich mit dem Kopf nach unten in einer Spalte im Boden vergrub und zwei Tage dort blieb, bis die Gefahr vorüber war, und dann in großer Eile nach Hause ging und mit seiner Tante ein stilles Leben führte, und wenn er nicht gestorben ist, dann lebt er heute noch. Er hieß Alexander Käfer.

Ein weiteres beschämendes Beispiel für eine schlampige Rezeption zeigt sich darin, daß bislang niemand die Bedeutung des Namens »Alexander« in Verbindung mit dem Verhalten seines Trägers näher untersucht hat. Ganz offensichtlich liegt hier ein Verweis auf den bedeutenden realistischen Philosophen Samuel Alexander (1859–1938) vor. Zwei seiner herausragenden Charakteristika waren seine erklärte Abneigung gegen Streitigkeiten und seine beharrliche Behauptung, daß die Welt unabhängig von einem beobachtenden Geist existiere. Sein kleiner Namensvetter demonstriert ersteres überaus deutlich, indem er sich weigert, einen Streit mit denjenigen vom Zaun zu brechen, die »Pst« zu ihm sagen, während seine Nutzung einer Spalte im Boden die unabhängige Realität der stofflichen Welt demonstriert. So widerlegt auch dieser – in jeder Hinsicht – unauffällige Charakter zwei zentrale kartesianische Annahmen: Die Doktrin, daß Tiere Maschinen seien, und die Doktrin, daß nur die Existenz eines wahrhaftigen Schöpfers unser Vertrauen in die Existenz der Welt rechtfertigen könne.

Ein oberflächlicher Kritiker könnte uns entgegenhalten, daß wir das Wesen der Fabel vergessen, das eben darin besteht, Tiere als menschlich zu behandeln, ohne jedoch damit in irgendeiner Weise zu implizieren, daß sie so etwas wie eine menschliche Natur besäßen. Dabei wird jedoch die Tatsache übersehen, daß bei einem so klugen Autor wie dem unsrigen nichts ohne tiefergehende Überlegungen erfolgt. Jedes seiner Worte ist voller Bedeutung. Er hat sich dafür entschieden, Tiere in seiner Erzählung zu verwenden, weil er etwas über Tiere sagen wollte. Und das, was er uns sagen wollte, war, daß sie keine Maschinen sind.

## *Spinoza*

An dieser Stelle mögen sich einige Leser ungeduldig fragen: »Wann erfahren wir endlich etwas über einen Charakter, der ganz offensichtlich die rationalistische Haltung zum Leben und seinen Problemen verkörpert?« Also wenden wir uns nun unverzüglich Kaninchen zu und seinem

Plan zur Entführung von Klein Ruh
1. *Allgemeine Bemerkungen.* Känga läuft schneller als wir alle, sogar schneller als ich.
2. *Weitere allgemeine Bemerkungen.* Känga läßt Klein Ruh nie aus den Augen, außer wenn es sicher in ihre Tasche eingeknöpft ist.
3. *Deshalb.* Wenn wir Klein Ruh entführen wollen, brauchen wir einen Vorsprung, weil Känga schneller läuft als wir alle, sogar schneller als ich. (*Siehe* 1.)
4. *Ein Gedanke.* Wenn Ruh aus Kängas Tasche heraus- und Ferkel hineingesprungen wäre, würde Känga den Unterschied nicht merken, da Ferkel ein sehr kleines Tier ist.
5. Wie Ruh.
6. Aber zuerst müßte Känga woanders hinkukken, damit sie nicht sieht, wie Ferkel hineinspringt.
7. Siehe 2.
8. *Ein weiterer Gedanke.* Aber wenn Pu sehr aufgeregt mit ihr spräche, *könnte* sie vielleicht einen Moment lang woanders hinkucken.
9. Und dann könnte ich mit Ruh wegrennen.
10. Schnell.
11. *Und Känga würde den Unterschied nicht bemerken. Erst danach.*

Was könnte uns eindrucksvoller an Spinozas Methode erinnern, seine Theorien in numerisch aufgelisteten Behauptungen, Beweisen und Korollaren zu entwickeln? Kaninchen ist unzweifelhaft der Spinoza unter den Gestalten der *Pu*-Bücher – obwohl sich seine Funktion damit noch längst nicht erschöpft.

Das erwähnte Beispiel ist ungewöhnlich, weil es eher die Formen als die Inhalte des in Rede stehenden Philosophen illustriert. Aber auch an Anspielungen auf Spinozas Denken herrscht kein Mangel. Und hier spielt Kaninchen erneut eine entscheidende Rolle. Wenn wir an sein Gespräch mit Pu zurückdenken (PB, Kap. 2), erinnern wir uns, daß dabei die Frage aufgeworfen wurde: Begegnet uns hier ein Jemand, der sich selbst kein »Ich« ist? Betrachtet man diese Frage durch die spinozistische Brille – eine durchaus passende Metapher, denn Spinoza verdiente sich seinen Lebensunterhalt durch das Schleifen von Linsen –, so erinnern wir uns, von Roger Scruton darauf hingewiesen worden zu sein, daß Spinoza das Leben nicht aus dem Blickwinkel eines »Ichs« sieht.

Professor Scruton hob dabei auf Spinozas Moralphilosophie ab, und dazu gibt es eine weitere eindringliche Illustration am Ende des Besuches von Winnie-dem-Pu. Er hat Kaninchens Gastfreundschaft so ausgiebig genossen, daß er in der Tür steckenbleibt: Ein eindeutiges Beispiel für Spinozas Bemerkung zu den Folgen, die sich aus einer Lustorientierung menschlichen Handelns ergeben – daß nämlich nach dem Vergnügen der Schmerz folge. Wie bei etlichen anderen Gelegenheiten opfert Pu Bär edelmütig sein eigenes Wohlbefinden und sogar seine Würde, um uns eine einprägsame Lektion in Moralphilosophie zu erteilen.

Ich fürchte, daß ich diejenigen Leser enttäuschen muß, die gespannt auf eine Erörterung des spinozistischen Pantheismus gewartet haben. Pu und die Theologie, selbst die Naturreligion, müssen auf ihre Erörterung in einem späteren Band warten. Diese Einschränkung gilt auch für unser nächstes Thema: Leibniz.

## *Leibniz*

»*Eigentlich* ist Tieger nämlich in Ordnung«, sagte Ferkel träge.
»Natürlich ist er das«, sagte Christopher Robin.
»*Eigentlich* ist das jeder«, sagte Pu. »Finde *ich* jedenfalls«, sagte Pu. »Aber ich glaube nicht, daß ich recht habe«, sagte er.
»Natürlich hast du recht«, sagte Christopher Robin.

Dieser kurze Dialog faßt die verbreitete Vorstellung von Leibniz' Philosophie zusammen. Gemeinhin wird Leibniz mit der Lehre in Verbindung gebracht, die Voltaire in seinem berühmten Satz, daß diese Welt die beste aller möglichen Welten sei, zusammenfaßte. Dazu bemerkte F. H. Bradley, daß alles in dieser Welt ein notwendiges Übel sei – eine sardonischere Version von Pus leichthin gesagtem, aber signifikantem Widerruf.

Beiläufig sei darauf hingewiesen, daß Milne in wenigen Zeilen etwas ausdrückt, für dessen Formulierung Voltaire ein ganzes Buch benötigte. Man hüte sich jedoch vor der vorschnellen Annahme, daß Milne allzu beiläufig über einen Philosophen hinweggeht, den Bertrand Russell einmal als einen der überragenden Geister der Menschheitsgeschichte bezeichnet hat. Und tatsächlich finden wir weiteres Material zu Leibniz, das sich durch die Mischung aus Tiefgründigkeit und Prägnanz auszeichnet, die wir inzwischen in Milnes großem Werk gewohnt sind.

Verweilen wir noch ein wenig bei dem gängigen Bild von Leibniz, und betrachten wir einmal genauer die Implikationen des Ausdrucks »mögliche Welten«. Daß unsere Welt nach Leibniz' Meinung die beste aller *möglichen* Welten war, bedeutet, daß Gott auch noch andere Welten hätte erschaffen können, und diese wären von anderen Wesen bevölkert worden. Wie sonst ist die Jagd von Pu dem Bären auf das Wuschel zu verstehen? Zweifellos ist das Wuschel eines jener Wesen, die in einer möglichen, jedoch nicht realen Welt existieren könnten. Mit dem höher angesiedelten ontologischen Status des Heffalumps werden wir uns in Kapitel 4 befassen.

Betrachten wir nun noch einmal Pus Behauptungen,

daß »... der einzige Grund dafür, ein Summgeräusch zu machen, den *ich* kenne, ist, daß man eine Biene ist ... Und der einzige Grund dafür, eine Biene zu sein, den ich kenne, ist, Honig zu machen.«

Neben dem klaren Bezug zur aristotelischen Teleologie und dem rationalistischen Vertrauen auf apriorische Erkenntnis finden wir hier einen eindeutigen Verweis auf ein grundlegendes Prinzip Leibnizschen Denkens, nämlich jenes, nach dem ein Grund gegeben sein muß, oder anders formuliert, daß »niemals etwas ohne eine Ursache oder wenigstens ohne einen bestimmten Grund geschieht ...« (gemeinhin als das »Prinzip vom zureichenden Grund« bezeichnet).

Von ebenso großer Bedeutung in Leibniz' System ist das Prinzip des Widerspruchs. Wieder läßt sich Pus Demonstration dieses Prinzips in bezug auf Aristoteles ebensogut auf Leibniz übertragen.

Einige rein textimmanent orientierte Kritiker eher traditioneller Herkunft haben bemängelt, daß die Figuren in den *Pu*-Büchern auf äußerst begrenzte und sich wiederholende Rollen festgelegt seien. I-Ah bemitleidet sich ständig selbst, Tieger ist stets ungestüm, Eule produziert unablässig leere Worthülsen, Kaninchen ist bürokratisch-phantasielos und dominant. Winnie-der-Pu selbst, so sagen sie, ist in alle Ewigkeit damit beschäftigt, an »einen kleinen Mundvoll« – meistens Honig – zu denken.

Selbst auf der von ihnen selbst gewählten elementaren

Ebene des Textes belegt diese Einschätzung, wie erschreckend oberflächlich diese Kritiker bei ihrer Lektüre vorgegangen sind. Von unserem höheren philosophischen Standpunkt aus betrachtet, haben sie fraglos die offensichtliche Tatsache übersehen, daß, sofern ihre Kritik eine faktische Grundlage besitzt, diese Grundlage ein einfaches Modell für Leibniz' Theorie der Identität in Individuen darstellt.

Leibniz warf die Frage auf, wie er wissen könne, wenn er einige Zeit in Paris verbracht hätte und dann nach Deutschland zurückgereist wäre, daß das »Ich«, dessen er sich bewußt sei, an beiden Orten dasselbe gewesen sei. Er empfand die naheliegende Antwort als berechtigt, daß nämlich seine eigene Erinnerung es ihm sagen könne. Das jedoch war ein *aposteriorischer* Beweis (einer, der auf der Erfahrung beruht). Als Rationalist bestand er darauf, daß es auch einen *apriorischen* Grund geben müsse (hier einer, der auf eingegebenen Prinzipien beruht). Er begründete das so, daß in jeder wahren Aussage alles, was über das Subjekt gesagt werden kann, in der Vorstellung von diesem Subjekt enthalten sein muß. Daß uns also die umfassende Erkenntnis eines Individuums in die Lage versetzen müßte, alles über Vergangenheit, Gegenwart und Zukunft dieses Individuums zu wissen. Das wirkt auf den ersten Blick wie eine grandiose Anmaßung, und Leibniz räumte ein, daß ein derart vollkommenes Wissen nur Gott zukäme.

Dessen eingedenk ist leicht zu erkennen, daß das von

manchen bemängelte durchgehende Verhalten seiner Figuren nichts anderes ist als Milnes Methode, Leibniz' Theorie eingängig zu vermitteln. Er zeigt uns, daß gewisse Verhaltensweisen zum Wesen seiner Charaktere gehören. Somit läßt er uns die göttliche Perspektive erahnen, von der bei Leibniz die Rede ist.

Jeder Versuch, eine göttliche Perspektive zu erlangen, ist genau das, was der nun zu behandelnde Philosoph entschieden abgelehnt hätte.

## *Eine Anmerkung zu Thomas Hobbes (1588–1679)*

Es ist schwierig, Hobbes in unser System einzubauen, und das wiederum ist typisch für ihn. So wie er zu Lebzeiten von den britischen Parlamentariern als Verfechter der absoluten Monarchie angegriffen wurde, während ihn die Monarchisten als Anhänger Cromwells verdammten, so müssen wir heute feststellen, daß er philosophisch nur schwer einzuordnen ist.

Der zweite Absatz seines berühmtesten Werkes, der *Leviathan*, beginnt: »Der Ursprung von dem allen [den menschlichen Gedanken] heißt Sinn. Denn wir können uns nichts denken, wenn es nicht zuvor ganz oder zum Teil in einem unserer Sinne erzeugt war.« Hobbes scheint hier eine streng empirische Betrachtungsweise zu propagieren, nach der alle Erkenntnis auf der Erfahrung beruht, die wir durch den Gebrauch unserer Sinne erlangen. Damit stünde Hobbes natürlich in diametralem Gegensatz zu den rationalistischen Philosophen. Daher scheint die historische Tatsache, daß eine der ersten von Hobbes verfaßten philosophischen Schriften eine Kritik an Descartes' *Meditationen* war, von durchaus symbolischer Bedeutung zu sein.

Andererseits war Hobbes der leidenschaftlichste Verfechter der in ihrem Wesen rationalistischen Disziplin der Geometrie. Der Satz des Pythagoras, auf den er per Zufall gestoßen war, war für ihn eine geistige Offenbarung. Hobbes nannte die Geometrie die bis dato einzige Wissenschaft, die Gott »in seiner Gnade« der Menschheit geschenkt hatte. Immer und immer wieder betonte er, daß unmißverständliche Definitionen, wie in der Geometrie üblich, unerläßlich für das klare Denken seien.

Doch trotz all seiner Bemühungen um eindeutige Klarheit muß eine endgültige Beurteilung wohl so lauten, wie es D. H. Pennington, der herausragende Historiker des 17. Jahrhunderts, formulierte: »Sämtliche Kommentatoren rühmen übereinstimmend die logische und eindeutige Klarheit seiner Beweisführung, um dann im folgenden grundsätzlich unterschiedlicher Auffassung darüber zu sein, was er eigentlich meinte.«

*Leviathan* ist vor allem ein Werk der politischen Philosophie, und sein Kerngedanke lautet, daß »der Zustand der Menschen ... ein Krieg aller gegen alle [sei]«, in dem unser Leben »ein einsames, kümmerliches, rohes

und kurz dauerndes« ist. Alle Figuren im Umfeld von
Pu dem Bären widerlegen diese These entschieden.
Gleich zu Beginn erleben wir, wie Christopher Robin
Winnie-dem-Pu bei seiner Honigsuche hilft. Beide bemühen sich gemeinsam, Ferkel zu retten, als es bei einer
Überschwemmung von der Außenwelt abgeschnitten
ist. Eule ist stets bereit, einen Rat zu erteilen, und Kaninchen ist ständig dabei, etwas zu organisieren. Während Eules Ratschläge eher unpraktischer Natur sind,
ist Kaninchen bei allem, was es organisiert, rechthaberisch, und das, was es in Angriff nimmt, meist sinnlos; aber am guten Willen beider kann kein Zweifel bestehen. Als auch nur ein ganz kleiner von Kaninchens
zahlreichen Bekannten-und-Verwandten vermißt wird,
machen sich alle unverzüglich und engagiert auf die Suche. Im größeren Zusammenhang betrachtet, zeigen
uns die Expotition zum Nordpol und die Party am Ende
von *Pu der Bär*, wie sich alle Bewohner von Pus Welt
versammeln, um Abenteuer zu erleben oder ein Fest zu
feiern. Und das sind nur wenige ausgewählte Beispiele.
Zudem ist dieser friedvolle und fröhliche Zustand nicht
durch irgendeine Form von Regierung herbeigeführt
worden. Es gibt keinen Staat, keine Polizei, keine Gesetze oder Strafen. Auch das bedeutet eine kategorische
Ablehnung des Hobbesschen Denkens, demzufolge nur
ein absoluter Despot die auf gegenseitige Vernichtung
gerichteten Triebe der Menschen unter Kontrolle zu
halten vermag.

# 4
# PU UND DER BRITISCHE EMPIRISMUS

Der Empirismus wird gemeinhin als die Lehre definiert, derzufolge alles Wissen aus der Erfahrung stammt, ganz gleich, ob diese Erfahrung von der allgemeinen Sorte ist, die wir alle kennen, oder von der spezielleren Sorte, die gewöhnlich Wissenschaft genannt wird. Wie John Locke, der Begründer dieser Schule, festgestellt hat, kann niemandes Wissen über seine Erfahrung hinausreichen. In England war diese Schule besonders einflußreich.

## John Locke (1632–1704)

So wie die Mathematik für die im vorangegangenen Kapitel behandelten Rationalisten Vorbildfunktion hatte, so orientierten sich die Empiriker an den Naturwissenschaften. Tatsächlich sagt Locke in seinem »Sendschreiben an den Leser« (in: *Über den menschlichen Verstand*), daß »es dem Ehrgeiz genügen [muß], wenn man als Hilfsarbeiter beschäftigt wird, um den Baugrund etwas aufzuräumen«, und zwar für solche Wissenschaftler wie »den unvergleichlichen Newton« [ebda.]. Und gerade auf dem Gebiet der Erfahrung und des Experiments führt uns der Große Bär sein tiefes Verständnis des Empirismus vor Augen.

Wir haben zwar bereits davor gewarnt, voreilig den Schluß zu ziehen, daß Winnie-der-Pu eine bestimmte Meinung zwangsläufig schon allein dadurch vertritt, daß er sie mit beispielloser Klarheit erläutert. Dennoch scheint der Hinweis angebracht, daß zwischen ihm und der Art von abgehobener Philosophie, wie sie Colin McGinn befürwortet, Welten liegen. So schrieb dieser, daß der Philosoph erkennen möchte, was den verschiedenen geistigen Phänomenen *wesenhaft* sei, ohne sich aus seinem Ohrensessel erheben zu müssen. Man darf wohl zu Recht davon ausgehen, daß der Große Bär die Vorstellung von einer Erkenntnis des Wesentlichen geistiger Phänomene, die von der äußeren Welt getrennt sind, bestenfalls für müßig, schlimmstenfalls für ernstlich irreführend gehalten hätte.

## *Pu und der Honichtopf*

Wie sehr wir auch bemüht sein mögen, den Vorwurf des Ethnozentrismus zu vermeiden, es läßt sich kaum bestreiten, daß Winnie-der-Pu ein durch und durch englischer Bär ist. So überrascht es nicht, daß er sich als ein in jeder Hinsicht entschiedener Vertreter des britischen Empirismus erweist, der fordert, daß jede Aussage durch Erfahrung verifizierbar sein muß. Ein exzellentes Beispiel für das empirische Verfahren liefert uns Pu bei seiner Untersuchung und schließlichen Bestätigung der Hypothese, daß der Honigtopf tatsächlich Honig enthält und sonst nichts.

Sobald er zu Hause angekommen war, ging er zum Küchenschrank, und er stellte sich auf einen Stuhl und holte einen sehr großen Honigtopf vom obersten Brett. Auf dem Topf stand HONICH, aber nur um ganz sicherzugehen, entfernte er den Deckel aus Papier und sah genau hin, und es *sah* genauso aus wie Honig. »Aber man kann ja nie wissen«, sagte Pu. »Ich weiß noch, wie mein Onkel einmal sagte, er habe Käse gesehen, der genau die gleiche Farbe hatte.« Also steckte er seine Zunge hinein und leckte einmal kräftig. »Ja«, sagte er, »es ist Honig. Gar kein Zweifel. Und zwar, würde ich sagen, bis ganz unten. Es sei denn, natürlich«, sagte er, »daß jemand Käse unten hineingepackt hat, als kleinen Streich sozusagen. Vielleicht sollte ich noch ein *ganz* kleines bißchen weiterprobieren ... Nur für den Fall ... Ah!« Und er stieß einen tiefen Seufzer aus. »Ich *hatte* recht. Es *ist* Honig, bis ganz unten.«

Man beachte, wie behutsam er handelt, um zu seiner gesicherten Schlußfolgerung zu gelangen. Zuerst geht er zu dem Schrank, wo er – wie wir auch von anderer Stelle wissen – seinen Honig aufbewahrt. Somit besteht bereits ein gewisses Maß an Wahrscheinlichkeit, daß ein dort befindlicher Topf ein Honigtopf sein wird. Für einen philosophisch geschulten Verstand ist dieses Maß an Wahrscheinlichkeit aber noch sehr unzureichend. Es könnte ein Honigtopf *gewesen sein*, der nun aber leer ist oder mit einer anderen Substanz gefüllt wurde. Möglicherweise war es nie ein Honigtopf gewesen, sondern einer, der so sehr nach einem Honigtopf aussah, daß Pu ihn versehentlich in seinen Honigschrank gestellt hatte.

In einem späteren Stadium unserer Geschichte könnte man vermuten, daß Känga vielleicht die Aufgabe übernommen hat, Pus Wohnstatt aufzuräumen – so wie sie es später mit Oiles Wohnstatt versucht –, und einen Nicht-Honigtopf in den Honigschrank gestellt haben könnte. Diese Erklärung können wir jedoch – so glaube ich – getrost außer acht lassen, da Känga und Ruh erst eine ganze Weile nach dem großen Honigtopf-Experiment in den Wald kommen. Lassen wir nun weitere mögliche Erklärungen beiseite, und wenden wir uns erneut Pus Untersuchung zu.

Nachdem er den Topf aus dem Schrank genommen hat, betrachtet Pu das Etikett. »HONICH« steht darauf. Wir sollten uns nicht von der etwas ungewöhnlichen Form des Wortes irritieren lassen. Pu war zwar Philosoph, aber kein Pedant, und zudem war er der Begründer des Konzepts der »Wackligen Rechtschreibung«. Hier geht es ihm nicht um orthographische Regeln, sondern um die Beziehung zwischen Wort und dem von ihm Bezeichneten. Anders ausgedrückt, entspricht der Inhalt des Topfes der Bezeichnung auf dem Etikett?

Er nimmt den Deckel ab und schaut hinein. Es sieht zwar wie Honig aus, aber ein derart vordergründiger Beweis befriedigt Pu nicht. Wie jeder Philosoph weiß er, daß der äußere Schein trügen kann. Also kostet er als nächstes. Der Geschmack bestätigt das Aussehen der Substanz und das Etikett auf dem Topf. Und wir dürfen nicht vergessen, daß niemand sich eines sachkundigeren Wissens hinsichtlich Geschmack – und Textur – von Honig rühmen kann als Pu.

Der kritische Leser könnte einwenden, daß die Substanz zwar ganz wie Honig aussehen und schmecken mag, aber dennoch Unterschiede aufweisen kann, die beispielsweise eine chemische Analyse zutage fördern würde. Ich denke, wir können einen solchen Gedanken als unwahrscheinlich einstufen und außer acht lassen. Pus Welt ist keine Science-fiction-Welt, und es existieren darin erst recht keine Lebensmittelchemiker.

Bemerkenswert ist zudem, daß Pu seine Hypothese ständig der Falsifizierung aussetzt. Jeder seiner Tests hätte sie widerlegen können. Das bedeutet, daß er konsequent die Forderung von Sir Karl Popper erfüllt, die da lautet, daß »*das Kriterium der Wissenschaftlichkeit einer Theorie ihre Falsifizierbarkeit ist, ihre Widerlegbarkeit, ihre Überprüfbarkeit*« (Hervorhebung von ihm).

Gehen wir nun zur Untersuchung des gesamten Kapitels über, von dem die HONICH-Episode nur ein Teil ist; es handelt sich um Kapitel fünf – »In welchem Ferkel ein Heffalump trifft«.

Zu Beginn verkündet Christopher Robin, er habe ein Heffalump gesehen. Ferkel erwidert, daß es auch mal eins gesehen habe, fügt aber hinzu: »Jedenfalls glaube ich, daß ich eins gesehen habe. Aber vielleicht war es gar keins.«

Dann kommt der erste wirklich gewichtige Gesprächsbeitrag, natürlich von Winnie-dem-Pu: »›Ich auch‹, sagte Pu und fragte sich, wie ein Heffalump wohl aussehen mochte.«

Unsere Reaktion wird in der Frage bestehen, worauf Pus Äußerung sich denn nun *wirklich* bezieht. Voreilige Leser könnten überhastet den Schluß ziehen – was, wie wir fürchten, viel zu viele getan haben –, daß Pu sich lediglich der allgemeinen Behauptung anschließt, man habe ein Heffalump gesehen. Diese Interpretation ist offensichtlich absurd, da sie im krassen Gegensatz zu seiner Frage steht, wie ein Heffalump wohl aussieht. Eine solche Interpretation würde bedeuten, daß Pu eine Aussage macht, die entweder bedeutungslos oder falsch ist. (Wenn er nicht wüßte, wie ein Heffalump aussieht, könnte er nicht wahrheitsgemäß behaupten, eins gesehen zu haben.) Da beides ganz offensichtlich unvereinbar ist mit dem, was wir von Pu wissen, müssen wir anderswo nach einer Erklärung suchen.

Und die ist schnell gefunden. Die Antwort liegt in der unsicheren Natur von Ferkels Aussage, die sich in drei Behauptungen aufschlüsseln läßt:

1. Es hat einmal ein Heffalump gesehen.
2. Es glaubt, ein Heffalump gesehen zu haben.
3. Vielleicht war das, was es gesehen hat, gar kein Heffalump.

Pus Erwiderung ist die logische Konsequenz aus allen drei Aussagen zusammengenommen. Tatsächlich führt er ein Gedankenexperiment durch, indem er sich vorstellt, daß auch er eine Erfahrung gemacht hat, die die Erfahrung gewesen sein *könnte*, ein Heffalump zu sehen, daß sie es andererseits aber auch nicht gewesen sein könnte. In einer solchen Situation muß er sich natürlich fragen, wie ein Heffalump aussieht. Wenn man nicht weiß, wie ein Heffalump aussieht, kann man folglich auch nicht wissen, ob man eins gesehen hat.

Im Anschluß an dieses Gespräch begeben sich Ferkel und Pu gemeinsam auf den Heimweg, und »... als sie einander über die Trittsteine geholfen hatten ..., begannen sie, sich freundschaftlich über dies und jenes zu unterhalten, und Ferkel sagte: ›Falls du verstehst, was ich meine, Pu‹, und Pu sagte: ›Genau das finde ich auch, Ferkel.‹...«

Milne hat es vorgezogen, uns nicht darüber aufzuklären, welches der Gegenstand ihrer Unterhaltung ist, vermutlich weil er uns nicht von der zentralen Zielrichtung seiner Argumentation ablenken wollte, indem er einen unwichtigen Aspekt einführte. Er macht uns aber mit Pus Lehrstil bekannt – mit seiner pädagogischen Methodologie, um einen Terminus zu verwenden, der einigen unserer Leser geläufiger sein dürfte.

Wie wir im Verlauf dieses Kapitels immer deutlicher sehen werden, macht Pu sich hier die bekannte Methode des erfahrenen Pädagogen zu eigen, der seine Schüler dazu anhält, aktiv am Lernprozeß zu partizipieren und eigenständig Erkenntnisse zu gewinnen, und der ihnen sogar das Gefühl vermittelt, daß sie ihrem Lehrer etwas beibringen. Die Textstelle, in der es heißt, daß sie sich gegenseitig über die Trittsteine helfen, ist eine unmißverständliche Metapher für eine derartige auf Gegenseitigkeit beruhende Unterstützung bei der Lösung intellektueller Fragen, während der anschließende Dialog den Gedanken nahelegt, daß diese Fragen philosophischer Natur waren.

Dann, als sie sich den Sechs Tannen nähern, gibt Pu seinen folgenschweren Entschluß bekannt: »Ich habe beschlossen, ein Heffalump zu fangen.«

Anders ausgedrückt, er wird Ferkels Denken bezüglich der Heffalumps erhellen.

Nachdem er seine Absicht kundgetan hat, ermuntert Pu Ferkel weiter, Fragen zu stellen und Vorschläge zu machen. Zunächst stärkt er dessen Selbstvertrauen, indem er ihm sagt, daß es eine »listige Falle« sein muß, und dann hinzufügt: »... *deshalb wirst du mir helfen müssen, Ferkel*« (Hervorhebung von mir).

Seine positiv ausgerichteten Vorschläge wirken ein wenig eigenartig, ja, naiv. Eine tiefe Grube graben – und wenn sie noch so tief wäre – und darauf warten, daß ein Heffalump nichtsahnend hineinfällt, weil es entweder zum Himmel blickt, um festzustellen, ob es Regen geben wird, oder zum Himmel blickt, um festzustellen, ob es bald aufhört zu regnen, scheint nicht sonderlich klug. Wir fürchten, daß der zu vorschneller Kritik neigende Leser, den wir schon so oft in seine Schranken weisen mußten, an dieser Stelle wieder zu einem Einwand ansetzt, nur um erneut ins philosophische Fettnäpfchen zu treten.

Die klügeren unter uns werden abwarten und sich mit ihrem Urteil zurückhalten, und sie sehen sich in dieser Haltung durch Pus Bemerkung, »... daß Heffalumps kaum jemals gefangen werden«, bestärkt.

Bevor das Experiment in seine nächste Phase eintritt, gibt Pu einen interessanten, wenngleich nahezu (parenthetischen) inneren Kommentar ab: »... er hatte das sichere Gefühl, daß ein sehr scharfer Verstand ein Heffalump fangen könnte ...« Auch wenn in diesem Fall, wie bei jeder scheinbar endgültigen Aussage von Winnie-dem-Pu oder über ihn, Vorsicht geboten ist, handelt es sich hier doch eindeutig um eine materialistische Position, die möglicherweise nicht weit von dem Standpunkt entfernt ist, den später Patricia Smith Churchland in ihrer brillanten *Neurophilosophy: Toward a Unified Science of the Mind-Brain* vertrat.

Pu fragt Ferkel dann, welchen Köder es benutzen würde, um Pu zu fangen, und Ferkel, stets der gewissenhafte, aber recht schwerfällige Schüler, antwortet, daß es Honig nehmen würde.

Es folgt, selbstverständlich, die geniale Anwendung empirischer Prinzipien auf den HONICH-Topf, die wir bereits erörtert haben. Die nächsten paar Schritte lassen sich rasch zusammenfassen. Pu bringt den Honig – dessen Menge durch sein gewissenhaftes Experiment leicht reduziert wurde – zur Grube. Ferkel deponiert

ihn auf dem Boden der Grube, und beide kehren in ihre jeweiligen Behausungen zurück.
Beide schlafen in dieser Nacht schlecht. Pu treibt ein quälender Hunger schließlich sogar zur Grube, wo er bei dem Versuch, auch noch den letzten Rest Honig zu essen, mit dem Kopf im Topf steckenbleibt.

Ferkel dagegen hat schreckliche Alpträume, die von wilden und feindseligen Heffalumps bevölkert sind. An dieser Stelle müssen wir einen Moment verweilen, um das Wort richtig zu würdigen – man könnte sogar sagen, um es uns auf der Zunge zergehen zu lassen –, mit dem Milne Ferkels Gemütszustand beschreibt. »... das Wort, das ihm eigentlich im Hirn *herumhüpfte*, war ›Heffalumps‹« (Hervorhebung von mir).

»Herumhüpfen«. Hat je ein Philosoph oder Psychologe ein besseres Wort gefunden, um den betreffenden Gemütszustand zu beschreiben? So beschwört die Bezeichnung »Hüpfen« vor unserem inneren Auge sogleich das Bild von tanzenden Gedanken im unkontrollierten schlafenden Geist herauf.

Ferkels energische Selbstbefragung zum Thema Heffalumps verdeutlicht, daß seine lange Freundschaft mit dem Großen Bären nicht ohne Wirkung geblieben ist. Man beachte, wie systematisch es von der allgemeinsten Frage (»Wie war ein Heffalump?«) über Fragen nach dessen wesentlichen Eigenschaften (»*Kam* es, wenn man pfiff? Und *wie* kam es?«) zunächst zu Fragen nach dem typischen Verhalten von Heffalumps gegenüber Schweinen im allgemeinen, dann gegenüber besonderen Arten von Schweinen gelangt, um sich schließlich auf die Spekulation darüber zu konzentrieren, wie das Verhalten eines Heffalumps gegenüber einem Schwein aussehen mag, das einen Großvater namens BETRETEN VICTOR hat.

Da es nicht in der Lage ist, diese Fragen zu beantworten, beschließt es, zu der tiefen Grube zu gehen und nachzusehen, ob ein Heffalump in die Falle gegangen ist. Man beachte, wie die Ohrensessel-(oder Bett-)Philosophie McGinnscher Prägung sich trotz ihrer formalen Eleganz als hohl erweist und nur die Überprüfung vor Ort wahre Antworten erbringen kann. Selbst Ferkel erkennt dies.

Es sieht natürlich Pu, der mit dem Kopf im Honigtopf feststeckt. Dieser Anblick versetzt Ferkel so in Angst und Schrecken, daß es zu Christopher Robin flüchtet. Gemeinsam gehen sie der Sache auf den Grund.

Ferkel ist angesichts seiner eigenen Torheit derart beschämt, daß es nach Hause läuft und sich mit Kopfschmerzen ins Bett legt. Obwohl es einem leid tut, erhärtet seine Reaktion den Verdacht, daß es seinem Wesen nach zu empfindsam ist, die Enttäuschungen zu ertragen, die aus dem Leben eines Empirikers nun mal nicht wegzudenken sind. Bemerkenswert ist vor allem der Gegensatz zu Pu. Er geht mit Christopher Robin gemeinsam zum Frühstück, und als Christopher Robin sagt: »›Ach, Bär! ... Wie sehr ich dich liebe!‹«, erwidert Pu: »›Ich dich auch.‹«

Seine Antwort, die durch ihre Stellung ganz am Ende des Kapitels noch zusätzliche Betonung erfährt, verrät uns, daß er mit dem Ergebnis des Heffalump-Experiments durchaus zufrieden ist.

Das mag der Erklärung bedürfen. Schließlich, so könnten manche zu bedenken geben, war das Ziel des Plans, ein Heffalump zu fangen. Nicht nur, daß dieses Ziel eindeutig verfehlt wurde, zudem wurde Ferkel zunächst in Angst und Schrecken versetzt und dann zutiefst beschämt, und Pu selbst wurde zunächst in eine mißliche Situation gebracht und dann der Lächerlichkeit preisgegeben. Alles in allem endete der Plan also in einem Fiasko.

Mittlerweile, so hoffen wir, haben unsere umsichtigeren Leser begriffen, daß es stets klüger ist, davon auszugehen, daß Winnie-der-Pu in den jeweiligen Situationen sehr wohl wußte, was er tat. Der Plan mit der Heffalump-Falle ist nicht gescheitert, sondern war vielmehr ein grandioser Erfolg, so daß wir aus der Episode mindestens drei wertvolle Erkenntnisse ziehen können:

1. Den Lesern, die nicht nur umsichtig, sondern auch aufmerksam sind, wird nicht entgangen sein, daß bereits zu einem frühen Zeitpunkt eine ernst zu nehmende Warnung ergeht. Während des Gesprächs über Hef-

falumps zu Beginn des Kapitels bemerkt Christopher Robin, daß man sie nicht oft sieht. Was folgt dann?

>>Im Augenblick nicht<<, sagte Ferkel.
>>Nicht in dieser Jahreszeit<<, sagte Pu.

Hätte Ferkel doch nur die volle Bedeutung von Christopher Robins Bemerkung erfaßt und sich seiner Worte erinnert, es hätte sich eine Menge Ärger ersparen können! Wenn das Heffalump derzeit nur selten gesichtet wird, ist der Versuch, eines zu fangen, ohne verläßliche Informationen über seinen Aufenthaltsort zu haben, ein, gelinde gesagt, fragwürdiges Unterfangen. Es ist sogar noch fragwürdiger, wenn man sich hinsichtlich der äußeren Erscheinung eines Heffalumps so unsicher ist, daß man nicht einmal weiß, ob man eins gesehen hat oder nicht.
Pu gibt sich natürlich mit seiner zusätzlichen Bemerkung redliche Mühe, Ferkels allzu kurzlebiger Erkenntnis der Wahrheit ein beständiges Fundament zu verleihen. >>Nicht in dieser Jahreszeit<<, deutlicher kann man eigentlich nicht sagen, daß schon allein die Erwartung, ein Heffalump zu *sehen*, eine >>unzeitige<< Hoffnung ist. Unzeitig: unvernünftig.
Der angenehme philosophische Gedankenaustausch zwischen Pu und Ferkel auf dem Heimweg hat in Pu ganz offensichtlich die Hoffnung geweckt, sein kleiner Schüler habe so große Fortschritte gemacht, daß er die

Probe aufs Exempel bestehen würde, die sein Lehrer ihm aufgibt, indem er verkündet, er wolle ein Heffalump fangen.
Selbst ohne weitere Hilfestellung sollten wir nunmehr erkennen können, daß Pu hoffte, Ferkel würde, wenn auch mit dem gebotenen Respekt, ein so fragwürdiges Vorhaben in Zweifel ziehen. Dieser Punkt ist jedoch so entscheidend, daß unser Autor die notwendige Information glasklar vor uns ausbreitet. Die Passage lautet:

> Pu nickte mehrmals mit dem Kopf, als er dies sagte, und wartete darauf, daß Ferkel »Wie?« sagte oder »Aber Pu, das kannst du doch nicht machen!« oder sonst etwas Hilfreiches, aber Ferkel sagte nichts.

Was brauchen wir mehr? Es wird explizit gesagt, daß Pu auf ein skeptisches »Wie?« hoffte oder auf ein ablehnendes »Das kannst du doch nicht machen!«. Er erntet jedoch nur Schweigen. Mit Rücksicht auf seine Gefühle als philosophischer Lehrer ist es nur gut, daß er nicht – wie wir – weiß, daß Ferkel nur deshalb schweigt, weil es, da es dieses absolut unrealistische Vorhaben ernst nimmt, enttäuscht darüber ist, es nicht selbst vorgeschlagen zu haben. Pu erkennt rasch, daß die einzige Möglichkeit, Ferkel die Absurdität dieses Planes verständlich zu machen, darin liegt, diesen Schritt für Schritt in die Tat umzusetzen.

Wir haben bereits festgestellt, daß Pus Vorschläge, wie der Plan mit der Heffalump-Falle in die Tat umzusetzen sei, etwas abwegig klingen. An dieser Stelle baten wir unsere Leser, sich mit ihrem Urteil zurückzuhalten. Nun ist jedoch alles klar: Im Lichte unserer vorangegangenen Analyse ist offensichtlich, daß Pu gar nicht vorhatte, eine wirkliche Falle für ein wirkliches Heffalump zu bauen, sondern lediglich den Handlungsablauf karikiert, und zwar in der – schon bald schwindenden – Hoffnung, daß Ferkel die Absurdität des Mittels wahrnehmen und so dazu gebracht werden könnte, das Unrealistische des Zwecks zu erkennen.

Wie so manch anderer gute Lehrer überschätzt er die Intelligenz seines Schülers und muß den Prozeß der Desillusionierung wesentlich weiter treiben, als er eigentlich vorgehabt hatte. Am Ende jedoch ist ihm Erfolg beschieden: Ferkel erkennt seine Torheit. Zumindest können wir einigermaßen zuversichtlich sein, daß es nie wieder versuchen wird, ein Heffalump zu fangen. Mit etwas weniger Zuversicht dürfen wir hoffen, daß es sich nicht wieder an eine Unternehmung wagt, bei der es keine klarere Vorstellung von Mitteln und Zielen hat.

2. Damit kommen wir zu der zweiten wertvollen Erkenntnis, die wir aus dieser Episode ziehen können. Sie ist ein überzeugendes Beispiel für die bedeutsame Wahrheit, daß kein Experiment völlig scheitern kann. Unter einem gescheiterten Experiment verstehen wir

gemeinhin eines, das die Hypothese, die wir hoffnungsvoll einer Prüfung unterzogen haben, nicht erhärtet. Aber ein »Scheitern« in diesem Sinne lehrt uns, daß irgendwo ein Fehler gesteckt hat, entweder in der Hypothese oder im Experiment selbst. Wie groß unsere Enttäuschung auch sein mag, wir sollten fähig sein, aus unserer Erfahrung zu lernen, so wie Ferkel hoffentlich aus seiner Erfahrung gelernt hat. Dieser Sachverhalt ist schlicht und einleuchtend. Die nächste Lehre hingegen ist komplexer Natur.

3. Bislang sind wir davon ausgegangen, daß das Heffalump ein reales, körperliches Wesen ist, das im Prinzip in einer Falle gefangen werden könnte. Jetzt müssen wir uns fragen, ob diese Annahme korrekt war. Worauf gründet sie sich?
Der einzige Hinweis auf eine reale Existenz des Heffalumps findet sich in drei Äußerungen zu Beginn von Kapitel fünf:
1. Christopher Robin sagt, daß er an dem Tag ein Heffalump gesehen hat.
2. Ferkel sagt, daß es mal eins gesehen hat.
3. Pu Bär sagt, daß er eins gesehen hat.
Zunächst neigen wir dazu, den übereinstimmenden Aussagen von ganz offensichtlich unabhängigen Zeugen Glauben zu schenken – um so mehr, als es drei Zeugen sind. Ganz gleich, für wie vernunftbestimmt wir uns selbst gerne halten, der alte Glaube, daß die

Drei eine mystische Zahl ist, liegt irgendwo in den nebulösen Tiefen unseres Geistes verborgen. »Was ich dreimal euch sage, ist wahr!« erklärt der Büttel in Lewis Carrolls *Die Jagd nach dem Schnark*, und wenn eine dreifache Bekräftigung unterschiedliche Quellen hat, verleiht das unserer Leichtgläubigkeit einen Anstrich von Rationalität.

Und doch handelt es sich um Leichtgläubigkeit, wie wir im Folgenden beweisen werden. Erstens, sind diese drei Zeugen tatsächlich unabhängig voneinander? Eine sorgfältige Textanalyse zeigt, daß sie es nicht sind. Ferkel ist, wie wir auch von anderer Stelle wissen, ungemein leicht zu beeinflussen, erst recht, wenn die Beeinflussung von Christopher Robin ausgeht, dem es einen etwas übertriebenen Respekt entgegenbringt. Es wandelt an dieser Stelle offensichtlich auf Christopher Robins Spuren. Und das, wie wir bereits aufgezeigt haben, in sehr zögerlicher und unsicherer Weise. Was Pus Aussage betrifft, so haben wir nachgewiesen, daß sie nichts anderes als ein Gedankenexperiment ist, ohne notwendigen Bezug auf irgendein Geschehen in der realen Welt.

Somit bleibt die isolierte und unfundierte Aussage von Christopher Robin übrig. Da sie unser einziger Anhaltspunkt ist, daß jemand schon einmal ein Heffalump gesichtet hat, müssen wir sie mit größtmöglicher Sorgfalt prüfen. In welchem Kontext macht Christopher Robin seine Schlüsselaussage? Als er, Pu und Ferkel »alle miteinander sprachen«. Somit haben wir es hier zweifellos mit einer Situation zu tun, in der manch einer eher darum bemüht ist, seine Gesprächspartner zu beeindrucken, als wissenschaftliche Exaktheit an den Tag zu legen.

Zugegeben, dieser Gedankengang ist spekulativ, aber die nächste Information, die uns der Autor liefert, scheint ihn zu erhärten. Wir erfahren, daß Christopher Robin seine Aussage macht, nachdem er »das, was er gerade im Mund hatte«, heruntergeschluckt hat. Ganz gleich, welche intellektuellen Schwächen Christopher Robin auch haben mag, er ist gut erzogen und würde nicht mit vollem Mund sprechen. Zugegeben, auf der Expotition zum Nordpol spricht er zwar mit vollem Mund, aber da war er offensichtlich in die Rolle des hartgesottenen Entdeckers geschlüpft, der sich von den kulturellen Beschränkungen befreit hat, die ihn im eigenen Lande einengten. Im Kontext der Heffalump-Diskussion hingegen könnten andere das Wort ergreifen, während er ißt. Daher hat er erst recht das Bedürfnis, in dem Gespräch erneut das Wort an sich zu reißen. Wodurch könnte ihm das besser gelingen, als durch die Behauptung, er hätte gerade ein außergewöhnliches Erlebnis gehabt?

Mag sein, daß noch immer nicht alle Leser überzeugt sind, doch selbst der hartnäckigste Skeptiker muß sich der überwältigenden Wucht des Adverbs beugen, mit dem Milne Christopher Robins Aussage abschwächt:

»beiläufig«. Er »sagte *beiläufig*: ›Heute habe ich ein Heffalump gesehen, Ferkel‹« (Hervorhebung von mir). Angesichts der von uns hinreichend nachgewiesenen Beeinflußbarkeit Ferkels wird verständlich, warum Christopher Robin es hier mit Namen anspricht.

In diesem Zusammenhang steht außer Zweifel, daß sich das Wort »beiläufig« nicht nur darauf bezieht, wie Christopher Robin seine Behauptung formuliert, sondern, was noch wichtiger ist, auf den Inhalt dieser Behauptung. Milne warnt uns überdeutlich davor, sie für bare Münze zu nehmen.

Jetzt, da wir den Kontext verstehen, ergibt sich das Folgende wie von selbst, und wir können eine verführerische, aber fehlgehende Interpretation als unhaltbar fallenlassen: Manche Pu-Forscher haben auf das Konzept der WR (Wackligen Rechtschreibung) Bezug genommen und behauptet, daß »Heffalump« eine WR-Variante von »Elefant« sei. Jene Forscher untermauern diese unwahrscheinliche Hypothese, indem sie auf die Illustrationen verweisen, die Elefanten über Pu und Ferkel zeigen, während sie von Heffalumps träumen.

Natürlich spielt WR in manchen Passagen der *Pu*-Bücher eine entscheidende Rolle, doch an dieser Stelle ist es absolut irrelevant, und zwar aus folgenden Gründen:

1. Das Konzept der Wackligen Rechtschreibung ist per definitionem ausschließlich auf das geschriebene Wort anwendbar. Es gibt keinerlei Veranlassung, es auf das gesprochene Wort zu übertragen.

2. Christopher Robin sagt zwar nur wenig über das Heffalump, das er gesehen haben will, aber er erwähnt ein kleines Detail, das die Elefanten-Hypothese grundsätzlich widerlegt. Er sagt, es sei »einfach so vor sich hin *gelumpt*« (Hervorhebung von mir). Nun zeichnen sich aber Elefanten, trotz ihrer Größe, durch ihren behutsamen Gang aus. Früher war es – vielleicht sogar heute noch – ein großes Kompliment, einer Thai-Dame zu sagen, sie habe einen Gang wie ein Elefant. Ganz gleich, was Christopher Robin beschrieben haben mag, ein Elefant kann es nicht gewesen sein.
3. Das Problem der beiden Elefanten-Darstellungen von E. H. Shepard ist subtilerer Art. Der Einwand, daß es unangemessen ist, einen philosophischen Text anhand seiner Illustrationen zu deuten, wäre verführerisch, aber einer solchen Verführung müssen wir an dieser Stelle widerstehen. Shepards Illustrationen stehen in einer so engen Verbindung zum Text, daß sie nicht so ohne weiteres übergangen werden können. Wenn Shepard Pu und Ferkel darstellt, wie sie von Elefanten träumen, während sie glauben, von Heffalumps zu träumen, dann aus einem guten Grund – nämlich dem, das Denken eines der großen Männer der britischen empirischen Philosophie zu veranschaulichen.

Die Rede ist natürlich von George Berkeley.

## George Berkeley (1685–1753)

Berkeley war ein Empiriker der besonderen Art. Während Locke behauptete, daß unsere gesamte Erkenntnis aus der Erfahrung oder aus der Reflexion von Erfahrenem stamme und daß Erfahrung immer die Erfahrung der Außenwelt sei, hielt Berkeley dagegen, daß die einzige Erfahrung, deren wir uns sicher sein könnten, die Erfahrung der Vorstellungen in unserem Kopf sei. Was wir von der Außenwelt »erkennen«, seien lediglich unsere eigenen Wahrnehmungen von ihr. In einem oft zitierten Satz von ihm heißt es: »Sein ist Wahrnehmung« und »Sein ist Wahrgenommenwerden« (»*Esse est aut percipi aut percipere*« in Berkeleys lateinischem Originaltext).

Diese Theorie wirft das unübersehbare Problem auf, wie es um die stofflichen Objekte bestellt ist, wenn niemand mehr da ist, um sie wahrzunehmen. Verschwindet ein Tisch in einem leeren Zimmer, und taucht er sofort wieder auf, sobald jemand den Raum betritt? Das klingt nicht überzeugend – intuitiv unwahrscheinlich, um es in der Fachterminologie zu sagen. Wenn der Tisch aber andererseits weiter existiert, obwohl niemand da ist, der ihn wahrnehmen kann, widerlegt das nicht Berkeleys gesamte Philosophie?

Berkeley selbst bereitete dieses Problem keinerlei Schwierigkeiten. Er war Bischof, und zu seiner Zeit glaubten Bischöfe meist an Gott. Selbst wenn es also keinen Wahrnehmenden gab, existierten die Objekte weiter, weil Gott allgegenwärtig war und alles wahrnahm. Das Problem und Berkeleys Lösung sind in zwei Limericks elegant auf den Punkt gebracht. Der erste wurde von Ronald Knox verfaßt, dem Schöngeist, Priester, Krimi-Autor und Bibelübersetzer. Er schrieb:

> Ein geistreicher Herr um die Hundert
> Schrieb einst, Gott wär' wohl verwundert,
>     Wenn er säh, daß ein Stein
>     Nicht aufhört zu sein,
> Auch wenn ihn kein Mensch mehr bewundert.

Ein anonymer Verfasser dichtete folgende Antwort:

> Mein Lieber, Ihr Staunen verwundert
> Gott, der die Welt stets bewundert,
>     Drum hört nie ein Stein
>     Jemals auf, da zu sein.
> Mit freundlichem Gruß, Gott (weit über hundert!).

Kehren wir nun, unseren Berkeley im Kopf, zu der Frage zurück, warum Shepard die Träume von Ferkel und Pu mit Elefanten und nicht mit Heffalumps illustriert hat. Die Antwort lautet, daß er kein Heffalump zeichnen konnte, weil er kein Heffalump wahrnehmen konnte, auch nicht mittels seiner Phantasie. Ebensowenig konnten es Ferkel oder Pu – und auch sonst niemand. Und da niemand ein Heffalump wahrnehmen kann, kann ein Heffalump nicht existieren.

Zu guter Letzt möchten wir eine vierte Interpretation vorlegen. Das Heffalump könnte als Symbol philosophischer Wahrheit betrachtet werden: selten gesehen, schwer zu erkennen und »... kaum jemals gefangen«. Die Hoffnung, diese Wahrheit auf dem Grund einer Grube zu fangen, wäre somit eine interessante Variante der alten Vorstellung, daß sie auf dem Grund eines Brunnens zu suchen ist.

Diese Variation entspringt nicht einfach bloß einem Wunsch nach Originalität. Milnes Metapher erschließt eine neue Dimension, denn sie erinnert daran, daß uns gerade die Suche nach Wahrheit in eine Falle locken kann. Wie viele Philosophen haben ihre Vorgänger und Kollegen aus ebendiesem Grund verspottet und verhöhnt.

So hat tatsächlich einer in einer Metapher, die verblüffende Ähnlichkeiten zur Heffalump-Falle aufweist, behauptet, die philosophische Suche nach Wahrheit sei damit zu vergleichen, in einem dunklen Raum nach einer schwarzen Katze zu suchen, die wahrscheinlich gar nicht da ist (F. H. Bradley, 1846–1924).

## *David Hume (1711–1776)*

Nur wenige Philosophen haben vernichtendere Kritik an ihren Kollegen geübt als derjenige, mit dem wir uns als nächstes beschäftigen wollen. Ja, der einzige, der es in dieser Hinsicht vielleicht mit ihm aufnehmen konn-

te, war einer seiner größten Bewunderer, Alfred Ayer (1910–1989), der Hume als den bedeutendsten britischen Philosophen betrachtete.
In dem berühmten und oft zitierten letzten Absatz seiner *Untersuchung über den menschlichen Verstand* schreibt Hume:

> Greifen wir irgend einen [sic] Band heraus, etwa über Gotteslehre oder Schulmetaphysik, so sollten wir fragen: *Enthält er irgend einen abstrakten Gedankengang über Größe oder Zahl?* Nein. *Enthält er irgend einen auf Erfahrung gestützten Gedankengang über Tatsachen und Dasein?* Nein. So, so werft ihn ins Feuer, denn er kann nichts als Blendwerk und Täuschung enthalten.

Im Folgenden werden wir das Humesche Testverfahren mit aller Konsequenz anwenden. 1. Wir werden uns nacheinander mit *Pu der Bär* und *Pu baut ein Haus* beschäftigen. 2. Wir werden uns, Humes Anweisungen gemäß, zunächst fragen, ob sie einen abstrakten Gedankengang über Größe oder Zahl enthalten, und anschließend untersuchen, ob sie einen auf Erfahrung gestützten Gedankengang über Tatsachen und Dasein enthalten. In beiden Fällen ist die Antwort ein klares und eindeutiges »Ja«.

*Auf Erfahrung gestützte Gedankengänge in* »Pu der Bär« *und* »Pu baut ein Haus«

Wir beginnen mit der zweiten Frage, da sie zum großen Teil bereits auf den vorangegangenen Seiten beantwortet wurde. Wir müssen uns nur an Pus wissenschaftliche Untersuchung des HONICH-Topfes bezüglich Art und Menge von dessen Inhalt erinnern, seine Betrachtung des Verhaltens der Bienen und an seine Beweisführung, daß »Heffalump« lediglich ein Begriff ohne eine ihm korrespondierende Faktizität in der Außenwelt ist.

Um jedoch jeden Zweifel an Pu als Hume-Experten auszuräumen, werden wir uns drei weitere Beispiele für die auf Erfahrung gestützten Gedankengänge des Großen Bären über Tatsachen und Dasein ins Gedächtnis rufen.

Selbst der oberflächlichste Student des Bären-Werkes wird sich an die große Überschwemmung erinnern, durch die sämtliche Figuren vorübergehend zu Inselbewohnern werden. Nachdem Pu die Botschaft erhalten hat, die Ferkel als Flaschenpost verschickt hat, muß er irgendein Transportmittel finden, das ihn über das Wasser hinweg zu einem »dieser schlauen Leser« trägt, der die Nachricht für ihn entschlüsseln kann.

Nach einigem Nachdenken sagt er: »Wenn die Flasche schwimmen kann, dann kann ein Topf auch schwimmen, und wenn ein Topf schwimmt, dann kann ich mich auf den Topf setzen, wenn der Topf sehr groß ist.«

Er ergreift die entsprechenden Maßnahmen und trifft kurze Zeit später auf seinem Schiff namens *Der Schwimmende Bär* bei Christopher Robin ein.

Hier liegt ein prägnantes und zugleich hervorragendes Beispiel für die hypothetisch-deduktive Methode im Umgang mit einem faktischen Problem vor. Der erste Schritt bei dieser Methode besteht darin, eine Hypothese aufzustellen, von der wir Resultate ableiten können, die bereits gesichert sind. Pu tut dies, indem er die Hypothese aufstellt, daß eine Flasche schwimmen *kann*. Daraus können wir ableiten, daß eine Flasche – unter günstigen Umständen – schwimmen *würde*. Und dieses Resultat ist bereits gesichert, da die Flasche bis zu Pu geschwommen ist. Die nächste Bedingung ist, daß die Hypothese neue, erfahrungsgestützte Vorhersagen ermöglicht, die entweder verifiziert oder widerlegt werden können. Pu sagt voraus: 1. daß ein Topf schwimmen könnte und würde, und 2. daß er auf dem Topf sitzen könnte, wenn es ein großer Topf wäre. Dann unterzieht er seine Vorhersagen einer Überprüfung, die sie entweder verifizieren oder widerlegen wird. Erneut fällt auf, daß der Große Bär häufig das von Sir Karl Popper entwickelte Kriterium der Falsifizierbarkeit anwendet; das heißt, er setzt eine Theorie einem Experiment aus, durch das sie sich als falsch erweisen kann. Der aufmerksame und scharfsinnige Leser wird bemerken, daß dieses Beispiel für Pu als Empiriker außerdem die wichtige Tatsache betont, daß selbst eine erfolgreiche Hypothese gegebenenfalls zunächst einige Rückschläge überstehen muß. Milne erwähnt nämlich kurz, daß Pu »eine bis zwei verschiedene Stellungen« ausprobieren muß, bevor er die richtige Position auf dem Topf einnehmen kann.

Nachdem Pus Hypothese verifiziert wurde und er bei Christopher Robin angekommen ist, benötigen sie ein größeres Schiff, das sie beide und Ferkel aufnehmen kann. Pu löst dieses Problem ohne Umschweife, indem er darauf hinweist, daß sie Christopher Robins Schirm als Schiff verwenden könnten, wenn sie ihn mit der Spitze nach unten aufs Wasser legen.

Der unbedachte Leser mag den voreiligen Schluß ziehen, daß das Schwanken des umgedrehten Schirmes – wodurch Pu ins Wasser stürzt – der Beweis dafür sei, daß Pu seine anfängliche Hypothese modifizieren mußte. Er übersieht dabei jedoch den genauen Wortlaut dieser Hypothese: »›Wir könnten vielleicht in deinem Schirm hinfahren‹, sagte Pu.« Präzise: »Wir«, nicht »Ich«. Und Milne stößt uns förmlich mit der Nase darauf: »Dann stiegen sie beide zusammen ein, und nun schwankte der Schirm nicht mehr.« Genau wie Pu vorhergesagt hatte.

Wir hatten schon häufig Anlaß, Christopher Robin mit kritischen Augen zu betrachten, doch hier stellen wir mit Genugtuung fest, daß er Pu die angemessene Anerkennung zollt. Der erste Hinweis darauf findet sich, als er den *Schwimmenden Bären* betrachtet: »... je mehr er das Schiff ansah, desto mehr dachte er, was für ein tapferer und schlauer Bär Pu doch war ...« Und als er in dem nicht mehr schwankenden, umgedrehten Schirm sitzt, trägt er diese Anerkennung von innen nach außen, indem er verkündet: »Ich werde dieses Schiff *Pus Verstand* nennen.«

Wenn Christopher Robin, und sei es nur einmal, über sich hinauswachsen konnte, dürfte uns das doch wohl auch gelingen.

Für unser drittes Beispiel ziehen wir eine etwas überraschende Figur heran. Tieger erscheint uns für gewöhnlich nicht gerade als Verfechter der wissenschaftlichen Methode, und doch liefert er uns ein klares und elegantes Exempel dafür. Bei seinem ersten Erscheinen stellt er die Hypothese auf, daß Tieger alles (Eßbare) mögen. Im Anschluß daran überprüft er diese Hypothese, indem er nacheinander Honig, Heicheln und Disteln probiert. Jedesmal wird seine anfängliche Hypothese widerlegt. Ganz im Geiste des wahren Wissenschaftlers formuliert Tieger seine Hypothese beständig neu, bis er schließlich Ruhs Malzextrakt kostet und sagen kann: »Also *das* mögen Tieger!«

### Mathematische Gedankengänge im Pu-Text

Wenden wir uns nun Humes erster Frage zu: »Enthält er [ein philosophischer Band] irgend einen abstrakten Gedankengang über Größe oder Zahl?« Die Antwort auf diese Frage liegt nicht so deutlich auf der Hand. Zugegeben, Pu Bär teilt Kaninchen und Ferkel mit: »Es gibt da etwas, das Eimer Eins heißt«, was wir zwar als WR-Verweis auf das Einmaleins verstehen, aber wohl kaum als beeindruckendes Beispiel für abstrakte Gedankengänge über Zahlen betrachten können. Auch Milnes Frage an Christopher Robin: »Wie ist es denn mit neunmal hundertsieben?« bringt uns nicht viel weiter. Ebensowenig wie Christopher Robins eigener Verweis auf »etwas, das Faktoren hieß«, auf ein klares Verständnis von Algebra schließen läßt.

Desgleichen sind zwar zahlreiche Verweise auf Menge oder Umfang zu finden, aber sie sind stets konkret, wie beispielsweise die Menge Honig in einem Topf oder Pus Leibesumfang im Verhältnis zu Kaninchens Türumfang.

Nach kurzem Nachdenken jedoch müssen wir Humes Frage eindeutig bejahen. Sogar in zweifacher Hinsicht. Erstens müssen wir uns Milnes Strategie vergegenwärtigen, die darin besteht, philosophisches Gedankengut in Geschichten zu kleiden, die vorgeblich für Kinder geschrieben wurden. (Eine moderne Parallele ist Professor Daniel C. Dennett, der seine Gedanken häufig in Science-fiction-Geschichten kleidet.) Zweitens hat Milne die These von John Stuart Mill veranschaulicht, wonach die Mathematik eine Deduktion von aus der Erfahrung gewonnenen Tatsachen mit dem Ziel einer Verallgemeinerung ist.

Da wir auf Mills mathematische Theorien im folgenden Kapitel ausführlicher eingehen werden, wollen wir uns hier auf die Implikationen der ersten Antwort konzentrieren. Sie werden in uns die Erwartung wecken, mathematische Abstraktionen in vermeintlich einfachen und sogar kindlichen Episoden entdecken zu können. Und genau das ist natürlich der Fall. Die detaillierte Information, die wir über Kaninchens Bekannte-und-Verwandte erhalten, ist eine brillante Demonstration der Mengenlehre, eines der schwierigsten Gebiete der Mathematik. Da die Mengenlehre besonders mit dem Namen Bertrand Russells verknüpft ist, werden wir auch hier die weitergehende Erörterung auf das nächste Kapitel verschieben.

Ich denke, wir haben hinlänglich nachgewiesen, daß das große Œuvre, mit dem wir uns hier beschäftigen, die Humeschen Kriterien erfüllt. Wir können indes noch weiter gehen. Wir können aufzeigen, daß der Große Bär einen völlig neuen mathematischen Begriff formuliert, einen, der unseres Wissens nach bis heute unergründet ist. Dazu folgende Passage:

> »Ich hätte es nur gern gewußt ... Damit ich mir sagen kann: ›Jetzt habe ich noch vierzehn Töpfe Honig.‹ Oder fünfzehn, je nachdem. Es ist irgendwie beruhigend.«

Hier haben wir es mit einem wahrhaft schöpferischen Begriff zu tun, der, wenn er erst seine volle Anerkennung erfährt, das gesamte mathematische Denken schlicht revolutionieren muß. Zu den bestehenden Zahlenkategorien – natürliche Zahlen, rationale, irrationale, reale, komplexe, algebraische, transzendentale Zahlen, Kardinalzahlen, Ordinalzahlen – tritt nun die Kategorie der »beruhigenden« Zahlen.

Es gereicht weder den Philosophen noch den Mathematikern zur Ehre, daß das gesamte Gebiet der beruhigenden Zahlen bis zum heutigen Tag wissenschaftliches Brachland geblieben ist – 64 Jahre, nachdem Pu Bär es in Kapitel drei von *Pu baut ein Haus* einer breiten Öffentlichkeit bekanntgemacht hat.

Mit diesem ernüchternden Gedanken wenden wir uns dem nächsten Kapitel zu.

# 5
# NEUERE ENTWICKLUNGEN DES EMPIRISMUS

## John Stuart Mill (1806–1873)

John Stuart Mill ist vor allem dadurch bekannt geworden, daß er den starren und allzu vereinfachenden Utilitarismus seines Vaters James Mill (1773–1836) und dessen Freundes Jeremy Bentham (1748–1832) modifizierte. Welche Haltung Pu der Bär dazu einnimmt, werden wir nun darlegen. Zunächst jedoch werfen wir einen Blick auf seine Erklärung von Mills mathematischer Theorie, die bereits gegen Ende des vorangegangenen Kapitels erwähnt wurde.

In Kapitel neun von *Pu der Bär* ist Pu von Wasser umgeben. Er erkennt den Ernst der Lage und sieht, daß er entkommen muß:

> Also nahm er seinen größten Topf Honig und entkam mit ihm auf einen dicken Ast seines Baumes, schön weit über dem Wasser, und dann kletterte er wieder hinunter und entkam mit einem zweiten Topf, und als er vollständig ent-

kommen war, saß Pu auf seinem Ast ... und dort, neben ihm, standen zehn Töpfe Honig ...
Zwei Tage später saß Pu auf seinem Ast ... und dort, neben ihm, standen vier Töpfe Honig ...
Drei Tage später saß Pu auf seinem Ast ... und dort, neben ihm, stand ein Topf Honig ...
Vier Tage später saß Pu auf seinem Ast ...

Hier liegt eindeutig ein Beispiel für Mills Diktum vor, das da lautet –

»Alle Zahlen müssen Zahlen von Etwas sein: es gibt nichts derartiges wie Zahlen an und für sich.«

Diese Aussage ist wesentlich für die Begründung von Mills radikal empirisch orientierter Theorie der Mathematik. Viele Empiriker, von Hume bis Ayer, unterschieden mathematische und logische Wahrheiten von Wahrheiten, die aus der Erfahrung stammen. Auch wenn wir logische oder mathematische Wahrheiten durch Erfahrung lernen können, so besteht doch, nach Hume und Ayer, ein wesentlicher Unterschied zwischen ihnen und empirischen Fakten. Der wesentliche Unterschied liegt darin, daß wir, sobald wir eine mathematische oder logische Wahrheit erkannt haben, sehen, daß diese notwendigerweise ohne Ausnahme wahr ist. Empirisches Wissen führt dagegen lediglich zu falsifizierbaren Verallgemeinerungen.

Mill lehnte diese Unterscheidung ab. Er argumentierte, daß mathematische »Wahrheiten« ebenso wie wissenschaftliche Wahrheiten empirische Verallgemeinerungen darstellen. Für ihn lag der einzige Unterschied in der größeren Sicherheit mathematischer Vorhersagen.

Haben wir Grund zu der Annahme, daß Pu der Bär den mathematischen Empirismus John Stuart Mills entweder akzeptierte oder ablehnte? Es ist generell unwahrscheinlich, daß Pu von seiner üblichen Methode, Philosophien zu erklären, abweichen würde, aber in diesem besonderen Fall ist es noch unwahrscheinlicher. Die Philosophie der Mathematik ist bekanntlich ein Gebiet, in dem jede uns geläufige Theorie Probleme aufwirft, die zwar nicht unlösbar sein mögen, die aber bislang eben noch nicht gelöst wurden.

Wir werden also im Folgenden Winnie-den-Pu im Hinblick auf allgemeinere Aspekte der Millschen Philosophie betrachten. Doch zuvor sollten wir uns zwei wichtige Fakten vergegenwärtigen. Mill gilt gemeinhin als der bedeutendste Vertreter des Utilitarismus. Zudem ist er bekanntlich ein Philosoph, dessen Denken im Laufe seines Lebens an Tiefe und Differenziertheit gewann. Wie nicht anders zu erwarten, wird der Große Bär beiden Aspekten Mills voll und ganz gerecht.

Pu will I-Ah einen Topf Honig zum Geburtstag schenken, aber auf dem Weg zu I-Ah ißt er »geistesabwesend« den Honig auf. Zunächst ist er zwar etwas bekümmert, doch dann erkennt er, daß der Topf selbst »nützlich« sein kann. Während seiner kurzen Unterhaltung mit Eule weist er sie zweimal darauf hin, daß der Topf »nützlich« ist. Und das Wort wird noch weitere drei Male gegenüber I-Ah selbst verwendet, zweimal von Pu und einmal von Ferkel.

Deutlicher läßt sich wohl kaum vermitteln, was Pu uns hier vor Augen führt, nämlich Mills »Auffassung, für die *Nützlichkeit* [Hervorhebung von mir] oder das Prinzip des größten Glücks die Grundlage der Moral darstellt ...«

Selbst für sich allein genommen veranschaulicht die Episode mit dem *nützlichen* Topf unmißverständlich die grundlegenden Voraussetzungen utilitaristischer Ethik. Aber natürlich ist das noch nicht alles. Aufmerksamen Lesern wird aufgefallen sein, daß das Wort »geistesabwesend« in Anführungszeichen gesetzt ist. Diejenigen Leser, die nicht nur aufmerksam, sondern zudem noch scharfsinnig sind, werden erkannt haben, warum diese Anführungszeichen dort stehen.

Es wäre natürlich absurd, davon auszugehen, der Große Bär habe nicht gewußt, was er tat, als er den Honig aß. Ich möchte behaupten, daß er ihn – um die Unterscheidung von J. L. Austin heranzuziehen – nicht nur absichtlich (intentional), sondern auch überlegt (deliberate) und bezweckt (on purpose) gegessen hat, um uns auf diese Weise Mills in späteren Jahren entwickelte differenziertere utilitaristische Ethik anschaulich zu machen. Weiter oben haben wir Mills Zitat über die Grundlage seiner Moral angeführt. Das Zitat lautet im weiteren:

> Die Auffassung ... besagt, daß Handlungen insoweit und in dem Maße moralisch richtig sind, als sie die Tendenz haben, Glück zu befördern, und insoweit moralisch falsch, als sie die Tendenz haben, das Gegenteil von Glück zu bewirken. Unter »Glück« ist dabei Lust und das Freisein von Unlust, unter »Unglück« Unlust und das Fehlen von Lust verstanden.

Uns liegen mittlerweile zahlreiche und unwiderlegbare Beweise dafür vor, daß das Nahrungsmittel, das Winnie-dem-Pu den größten Lustgewinn ermöglicht, Honig ist. Wir haben ebenso eindeutige Beweise dafür, daß I-Ahs Lieblingsnahrung Disteln sind. Es ist also offensichtlich, daß Pu, hätte er dem Drang zum Verspeisen des Honigs widerstanden, jene besondere Art von Unglück erfahren hätte, die durch das Fehlen von Lust verursacht wird. Indem er ihn aß, verschaffte er sich selbst Lust und enthielt sie I-Ah nicht vor. I-Ahs Glück am Ende des Kapitels belegt dies ohne jeden Zweifel.

Man könnte den Geschmacksunterschied natürlich auch im Hinblick auf Mills berühmte Maxime deuten: »Es ist besser, ein unzufriedener Mensch zu sein als ein zufriedengestelltes Schwein; besser ein unzufriedener Sokrates als ein zufriedener Narr.« Diese Aussage entstammt seiner Erörterung des Problems, daß unterschiedliche Menschen sich für unterschiedliche Formen von Lust entscheiden. Bentham hatte sich dagegen ausgesprochen, unterschiedliche Formen von Lust ihrem Nutzen entsprechend als höher oder niedriger zu bewerten: Für ihn war ein Kinderspiel zu spielen ebenso wertvoll wie ein Gedicht zu verfassen, wenn es den gleichen Lustgewinn brachte.

Mill dagegen war überzeugt, daß manche Formen von Lust hochwertiger seien als andere. Er glaubte auch, daß »… diejenigen, die mit beiden gleichermaßen bekannt und für beide gleichermaßen empfänglich sind, der Lebensweise entschieden den Vorzug geben, an der auch ihre höheren Fähigkeiten beteiligt sind.«

Nun haben wir bereits in Kapitel zwei festgestellt, daß Honig von alters her ein Symbol für die höchsten spirituellen, intellektuellen und sozialen Werte darstellt. Disteln besitzen einen ebenso langlebigen Ruf als nicht gerade schmackhafte Kost. Somit verdeutlicht Pus Vorliebe für Honig im Gegensatz zu I-Ahs Vorliebe für Disteln nicht nur die ungeheure intellektuelle Überlegenheit des Bären, sondern auch die Richtigkeit seiner Entscheidung, sich selbst den Honig und I-Ah den nützlichen Topf zuzuteilen.

Wir sind uns durchaus bewußt, daß diese Einschätzung für jeden schmerzlich sein muß, der I-Ah besondere Zuneigung entgegenbringt. Ihnen allen sei gesagt, daß wir I-Ah ebenso zugeneigt sind. Dennoch sollten wir die Augen nicht vor der Tatsache verschließen, daß I-Ah, wie liebenswert er auch immer sein mag, ganz einfach nicht das gleiche geistige Format besitzt wie Pu Bär.

Bevor wir fortfahren, muß noch ein weiterer Aspekt der Verbindung zwischen I-Ah und dem Utilitarismus angesprochen werden. In Kapitel sechs von *Pu der Bär* räumt I-Ah seine eigene sozio-kulturelle Beschränktheit ein. Er bekennt einen Mangel an »Bonno-Mi ... Französisches Wort; bedeutet soviel wie Bonhomie.«

Diejenigen ursinianischen Forscher, die sich die Zeit genommen haben, ihr Verständnis des Großen Bären zu erweitern – und wer kann Winnies wahre Tiefen schon wirklich ermessen? –, werden sich an E. C. Bentleys aufschlußreiche Kurzbiographie des großen Mill erinnern:

> John Stuart Mill
> sagte entschlossen: »Ich will!«
> Vergaß seine natürliche Bonhomie
> und verfaßte *Grundsätze der politischen Ökonomie*.

Und nun? Sollen wir I-Ah als den wahren Repräsentanten des Millschen Utilitarismus betrachten? Wenn dem so ist, wird I-Ah dadurch aufgewertet oder der Utilitarismus abgewertet? Da uns vor allem daran gelegen ist, die Leser zu eigenen philosophischen Entdeckungsreisen anzuregen, ihnen also auf keinen Fall den Weg genau vorzuschreiben, werden wir es ihnen selbst überlassen, diesem faszinierenden Problem auf den Grund zu gehen.
Kehren wir nun zurück zu Tigers Suche nach einer befriedigenden Frühstückskost. Wir haben diese Suche bereits – auf den Seiten 63 ff. und 114 f. – im einzelnen erörtert. Hier sei also nur noch einmal daran erinnert, daß er zu Beginn seiner Suche ein unspezifisches Verlangen nach Nahrung empfindet, er diverse spezielle Angebote ablehnt und schließlich entdeckt, daß Malzextrakt das ist, was er wirklich mag.

Es kann kein Zweifel daran bestehen, daß dieser Prozeß die höchste und differenzierteste Form des Millschen Utilitarismus veranschaulicht. Das größte und augenscheinlichste Problem bei der früheren und einfacheren Form des Utilitarismus liegt darin, daß die Vorstellung von Nützlichkeit oder Glück zu abstrakt ist. Wohl kaum einer von uns wünscht sich Nützlichkeit oder Glück in abstracto: Wir wünschen uns ganz bestimmte Dinge oder Erfahrungen, wie beispielsweise einen Topf Honig oder die Erfahrung, den Honig zu kosten.

In seiner späteren Version des Utilitarismus hat Mill eine Lösung für dieses Problem gefunden. Sie sah so aus, daß er nicht nur die primäre abstrakte Vorstellung von Lust oder Glück oder Nützlichkeit berücksichtigte, sondern auch die sekundären Formen von Lust, die der abstrakten Form Bedeutung und Realität verleihen. Somit sind Tigers unspezifisches Verlangen nach Nahrung und seine wiederholte Behauptung, »Tiger mögen alles«, deutliche Metaphern für die Nützlichkeit usw. in abstracto, während seine endgültige Entscheidung für den Malzextrakt eine ebenso unmißverständliche Metapher für die Bedeutung der sekundären Lust ist, die dieser Abstraktion eine befriedigende Realität verleiht.

## Der Empirismus im 20. Jahrhundert

### Bertrand Russell (1872–1970)

So wie Mill die empiristische Tradition im 19. Jahrhundert fortgeführt hat, so können wir sagen, daß Russell, der frühe Wittgenstein und Ayer sie im 20. Jahrhundert fortgesetzt haben. Zugegeben, man hat sie häufig in genauere Fachrichtungen eingeordnet, wie beispielsweise »Sprachphilosophie« bei Wittgenstein und »logischer Positivismus« bei Ayer. Doch Ayer selbst stellte in der ersten Ausgabe von *Sprache, Wahrheit und Logik* fest: »Die in dieser Abhandlung vertretenen Ansichten leiten sich her aus den Lehren Bertrand Russells und Wittgensteins, die ihrerseits die logische Folge des Empirismus Berkeleys und Humes sind.«

Bertrand Russell war vielleicht der vielseitigste Philosoph des 20. Jahrhunderts – zumindest in der englischsprachigen Welt. Über sein im engeren Sinne philosophisches Werk hinaus hielt er zahlreiche Vorträge und äußerte sich über Erziehung, Sexualmoral und die ethischen Probleme des Atomkrieges. Er leistete wichtige Beiträge auf den Feldern der Mathematik, der Logik und der Erkenntnistheorie. Er war ein Meister der klaren Sprache und hat viel dazu beigetragen, die Philosophie populärer zu machen.

Wie andere populäre Wissenschaftler wurde er mitunter von seinen lebensfernen – und weniger verständlich argumentierenden und schreibenden – Kollegen mit Argwohn betrachtet. Dennoch sind unter den Menschen, die er angeregt hat, einige Philosophen von überragendem akademischem Ruf zu finden. Der bedeutende und sicherlich nicht gerade einfache Philosoph Willard van Orman Quine bestätigte das, als er einmal in einer Rede vor Philosophen sagte: »Ich denke, viele von uns sind durch Russells Bücher zu unserer Profession gelangt.« Nur wenige von Russells Büchern hatten einen so weitreichenden Einfluß wie *Probleme der Philosophie*. Es erschien 1912 und wird noch heute Philosophiestudenten als Einführungslektüre empfohlen.

Die Parallelen zwischen Russell und Winnie-dem-Pu sind augenfällig. Das vorliegende Buch ist eine kurze Abhandlung über das universale philosophische Wissen und Verständnis des Großen Bären. Angesichts der immensen, ja, verwirrenden Vielfalt fällt die Auswahl schwer. Ich habe mich jedoch entschieden, speziell einen Aspekt Russellschen Denkens hervorzuheben, der von Pu erläutert wird. Es handelt sich um die Mengenlehre, wobei eine Menge eine Ansammlung von Objekten ist, die Elemente der Menge sind.

Betrachten wir nun die folgenden Passagen:

1. »... zum Schluß [kamen] Kaninchens sämtliche Bekannten und Verwandten.«
2. »... der letzte und kleinste Bekannte und Verwandte ... hieß Alexander Käfer.«

3. »... Kaninchen hatte so viele Bekannte-und-Verwandte, daß er nicht wußte, ob er Klein [ein Bekannter-und-Verwandter, der vermißt wird] auf dem Wipfel einer Eiche oder im Kelch einer Butterblume suchen sollte.«
4. »... ob er [Klein] die Art Bekannter-und-Verwandter war, die sich bei einem auf der Nase niederläßt, oder die Sorte, auf die man aus Versehen drauftritt ...«
5. »Klein hieß in Wirklichkeit Sehr Kleiner Käfer, aber man nannte ihn nur Klein ... Er war ein paar Sekunden bei Christopher Robin gewesen, und er wollte um einen Stechginsterbusch laufen, um sich etwas Bewegung zu verschaffen, aber anstatt wie erwartet auf der anderen Seite wieder zum Vorschein zu kommen, war er nicht zum Vorschein gekommen, und deshalb wußte niemand, wo er war.«

Was liegt hier anderes vor als ein anschauliches Beispiel für Mengenlehre? Und Mengenlehre ist bekanntermaßen eine der abstraktesten und komplexesten Formen der Mathematik.

Wir definieren als Menge A: Kaninchens sämtliche Bekannte-und-Verwandte.

Dann ergibt sich:

Menge Aa: bestehend aus einem Element, Alexander Käfer.

Menge Ab: bestehend aus Kaninchens sämtlichen Bekannten-und-Verwandten, die auf dem Wipfel einer Eiche zu finden sind.

Menge Ac: bestehend aus Kaninchens Bekannten-und-Verwandten, die im Kelch einer Butterblume zu finden sind.

Menge Ad: bestehend aus Kaninchens Bekannten-und-Verwandten, die sich bei einem auf der Nase niederlassen.

Menge Ae: bestehend aus Kaninchens Bekannten-und-Verwandten, auf die man aus Versehen drauftritt.

Menge Af: bestehend aus Kaninchens Bekannten-und-Verwandten, die Käfer sind.

Menge Afa: bestehend aus Kaninchens Bekannten-und-Verwandten, die große Käfer sind.

Menge Afb: bestehend aus Kaninchens Bekannten-und-Verwandten, die mittelgroße Käfer sind.

Menge Afc: bestehend aus Kaninchens Bekannten-und-Verwandten, die kleine Käfer sind.

Menge Afc1: bestehend aus Kaninchens Bekannten-und-Verwandten, die sehr kleine Käfer sind; deren voller Name Sehr Kleiner Käfer ist; die gewöhnlich »Klein« genannt werden; die vor nicht langer Zeit kurz bei Christopher Robin waren; die um einen Stechginsterbusch laufen wollten, um sich etwas Bewegung zu verschaffen; von denen erwartet worden war, daß sie auf der anderen Seite wieder zum Vorschein kommen würden, es aber nicht getan haben; deren Aufenthaltsort unbekannt ist. NB. Diese Menge enthält wie die Menge Aa (Alexander Käfer) nur ein Element: Sehr Kleiner Käfer.

Sachkundigen Lesern wird nicht entgangen sein, daß Milne in seiner Formulierung das Russellsche Paradoxon umgeht, weil er die Mengen nach ihren Elementen bestimmt – wie oben erschöpfend dargestellt – und nicht nach ihren spezifizierenden Bedingungen. Nebenbei wird so auch die relativ neue Unterscheidung zwischen »Menge« und »Klasse« veranschaulicht. Die Zugehörigkeit zu einer Klasse wird durch einen gemeinsamen Begriff definiert. Die Zugehörigkeit zu einer Menge kann von einer willkürlichen Liste von Eigenschaften abhängen, wie oben anhand der Eigenschaften aufgezeigt, die die Zugehörigkeit zu der Klasse definieren, deren einziges Element Sehr Kleiner Käfer ist.
Ich denke, ich habe mein im vorangegangenen Kapitel gegebenes Versprechen gehalten, Pu den Bären nach strengsten Humeschen Kriterien zu rechtfertigen.

## *Sir Alfred Ayer (1910–1989)*

Ayer an dieser Stelle zu behandeln ist durch seinen eigenen, zu Beginn dieses Kapitels zitierten Anspruch, die empirische Tradition fortzuführen, voll und ganz gerechtfertigt, obwohl er genaugenommen eher dem logischen Positivismus zugeordnet wird.

Kennzeichnend für den logischen Positivismus war die Betonung des Prinzips der Verifikation oder – genauer gesagt – des Prinzips der Verifizierbarkeit.

Wir wollen nicht näher auf die unterschiedlichen Formulierungen dieses Prinzips eingehen, sondern uns mit der Feststellung begnügen, daß diesem Prinzip zufolge eine Aussage dann, und nur dann, sinnvoll ist, wenn es eine Möglichkeit gibt, sie zu überprüfen. Die einzigen Überprüfungsmethoden, die die logischen Positivisten akzeptierten, waren Beobachtung, entweder alltägliche oder wissenschaftliche, oder, im Falle von mathematischen und logischen Aussagen, Folgerichtigkeit.

Die Leser werden bemerken, daß die Unterscheidung zwischen empirisch beobachtbaren Fakten und den tautologischen Wahrheiten von Mathematik und Logik ganz und gar in der empirischen Tradition steht. In der Praxis schloß das Prinzip der Verifizierbarkeit den Aussagewert sämtlicher religiösen und ästhetischen Aussagen aus. Die Vertreter des logischen Positivismus bezeichneten derlei Aussagen als metaphysisch und ließen sie außer acht, weil sie ihrer Auffassung nach weder wahr noch falsch, sondern schlicht bedeutungslos waren.

Zur Veranschaulichung des Prinzips der Verifizierbarkeit durch Pu wenden wir uns erneut der Episode mit dem HONICH-Topf zu. Pu formuliert den Satz: »Auf dem Brett in meinem Küchenschrank steht ein Honigtopf« nicht ausdrücklich, aber er ist offenkundig impliziert. Es ist nicht notwendig, den gründlichen und besonders zweckdienlichen Prozeß der Verifikation zu beschreiben, den er durchläuft, bis er schließlich überzeugt ist, daß die Aussage sowohl sinnvoll als auch wahr ist. Wir können sogar sagen, daß er außerdem eine frühe und oft zitierte Definition des Prinzips veranschaulicht, nämlich die von Moritz Schlick: »Die Bedeutung einer Aussage ist die Methode ihrer Verifikation.« Pu Bär hätte sicherlich zugestimmt, daß die Behauptung »Da ist ein Topf Honig« durch seine Erfahrung, den Honig zu essen, verifiziert werden könnte – und sollte.

Man hat das Prinzip der Verifikation in jeder Form, die nur noch entfernte Ähnlichkeit mit der ursprünglichen aufwies, aufgegeben, zum Teil, weil es problematisch war, es auf sich selbst anzuwenden – war das Prinzip der Verifikation selbst empirisch oder tautologisch? –, zum Teil, weil es niemandem gelang, eine Formel dafür zu finden, die weder zuviel noch zuwenig umfaßte. Ähnliche Schwierigkeiten ergaben sich im Zusammenhang mit dem Prinzip der Falsifizierbarkeit, dem wir uns nun zuwenden.

## *Sir Karl Raimund Popper (1902–1994)*

Sir Karl Popper hat in etlichen Bereichen der Philosophie Bedeutsames geleistet, in diesem Zusammenhang jedoch werden wir uns auf sein Prinzip der Falsifizierbarkeit konzentrieren. Im Gegensatz zum Prinzip der Verifizierbarkeit ist es nicht darauf ausgerichtet, zwischen sinnvollen und sinnlosen Sätzen zu unterscheiden, sondern zwischen denjenigen, die wissenschaftlich sind, und denjenigen, die nichtwissenschaftlich (»metaphysisch« im Popperschen Sinne des Wortes) sind.

Popper beschäftigte sich mit der Frage, wie man Wissenschaft von Nichtwissenschaft abgrenzen kann. Viele wissenschaftliche Aussagen sind Verallgemeinerungen von der Art, die man »Gesetze der Wissenschaft« zu nennen pflegt. Nun kann aber keine empirische Verallgemeinerung jemals absolut sicher sein, obgleich sie natürlich ein so hohes Maß an Wahrscheinlichkeit erlangen kann, daß wir uns mit Recht darauf verlassen. Wenn wir abends zu Bett gehen, sind wir zuversichtlich, daß die Sonne am nächsten Morgen aufgehen wird. Das hat sie immer getan, und zwar nicht nur unserer eigenen Erfahrung nach, sondern gemäß den frühesten Aufzeichnungen der Menschheit, und, falls die astronomischen Berechnungen stimmen, schon Milliarden Jahre bevor es menschliche Aufzeichnungen oder überhaupt eine Menschheit gab.

Dennoch *könnte* sich dieser Schluß, wie alle aus der Erfahrung gewonnenen Schlüsse (induktive Schlüsse), als falsch erweisen. Eine unvorhersehbare Katastrophe könnte verhindern, daß die Sonne aufgeht. Ebenso besteht jederzeit die Möglichkeit, ganz gleich, wie viele Beispiele ein wissenschaftliches Gesetz bestätigen, daß irgendein diesem Gesetz zuwiderlaufendes Faktum entdeckt wird, auch wenn diese Möglichkeit noch so vage ist. Wie können wir angesichts der Tatsache, daß ein allgemeiner faktischer Satz nur höchstwahrscheinlich sein kann und nicht gewiß, wissenschaftliche Aussagen von nichtwissenschaftlichen unterscheiden?

Poppers Antwort darauf war, daß eine Anhäufung von bestätigenden Beispielen nicht die Richtigkeit einer Theorie beweisen kann, daß jedoch ein Gegenbeispiel sie widerlegen kann, zumindest teilweise. Um ein berühmtes Fallbeispiel anzuführen: Ganz gleich, wie viele weiße Schwäne Vogelkundler zählen, sie können die Behauptung »Alle Schwäne sind weiß« nicht beweisen, auch wenn sie kein Gegenbeispiel entdecken. Dagegen würde die Existenz eines einzigen schwarzen Schwanes beweisen, daß diese Behauptung falsch ist.

Nach Poppers Meinung muß jede Aussage, die den Anspruch auf Wissenschaftlichkeit erhebt, im Prinzip falsifizierbar sein, wenn sie tatsächlich falsch ist. Wenn beispielsweise ein Astronom das Erscheinen eines Kometen an einem bestimmten Tag in einem bestimmten Abschnitt des Himmels vorhersagt, so ist diese Aussage falsifizierbar, falls sich der Astronom geirrt hat. Somit handelt es sich dabei nach Popperschen Kriterien um eine wissenschaftliche Aussage. Wenn andererseits jemand behauptet, daß all unsere Handlungen von kleinen grünen Marsmenschen kontrolliert werden, dann ist das keine wissenschaftliche Aussage, weil sie durch keine denkbare Überprüfung falsifizierbar ist.

Unsere Leser werden bereits erkannt haben, daß Winnie-der-Pu eine zutiefst wissenschaftliche Position vertritt; und gleiches gilt für die meisten seiner Gefährten. Doch es gibt wohl kaum ein besseres Beispiel für die Poppersche Falsifizierbarkeit als – wieder einmal – Tiegers Frühstückssuche, der wir uns nun erneut zuwenden.

Auf die Frage (von Pu dem Bären), ob Tieger Honig mögen, erwidert Tieger: »Sie mögen alles.« Wir stellen fest, daß, nach Popper, diese Aussage nicht zweifelsfrei verifiziert werden könnte. Der Kontext grenzt »alles« zwar eindeutig auf jede Art von Nahrung ein, doch ganz gleich, wie viele Kostproben Tieger nimmt und wieviel er mag, es besteht immer die Möglichkeit, daß irgendein Nahrungsmittel nicht probiert wird, daß es vielleicht noch gar nicht erfunden wurde. Andererseits würde nur ein einziges Beispiel für ein Nahrungsmittel, das er nicht mag, seine Aussage falsifizieren.

Im Geiste des wahren Wissenschaftlers setzt Tieger seine Aussage dem Risiko der Falsifikation aus. Und tatsächlich wird sie gleich durch sein erstes Experiment falsifiziert. Damit auch keinem Leser die im Popperschen Sinne Bedeutsamkeit dieser Episode entgeht, werden wir Zeuge, wie Tieger das Experiment mit Heicheln und Disteln wiederholt. Pu Bär selbst faßt die Resultate in einem denkwürdigen Gesumm zusammen:

> »Disteln, Honig und Heicheln, die mag er nicht,
> Teils weil es nicht schmeckt, und teils weil es sticht.
> Und alles, was einem Tier gut schmeckt,
> Hat den falschen Schluck- oder Stacheleffekt.«

Am Ende stellt sich heraus, daß Tieger bei weitem nicht alles mag, sondern nur Malzextrakt akzeptiert. Wichtig dabei ist jedoch, daß er auf einem wahrhaft wissenschaftlichen Erkenntnisweg zu diesem Schluß gelangt ist.

## *Ludwig Wittgenstein (1889–1951)*

»Nun«, sagte Eule, »in solchen Fällen issst die übliche Verfahrensssweise wie folgt: ...«
»Was bedeutet ›übrige Sahnespeise‹?« sagte Pu.
»Denn ich bin ein Bär von sehr wenig Verstand, und lange Wörter jagen mir Angst ein.«

So unglaublich es jedem Leser, der uns bis hierher gefolgt ist, mittlerweile auch erscheinen muß, Tatsache ist, daß viele ursinianische Schüler Pus Aussage tatsächlich für bare Münze genommen und sie als Beleg für seine linguistische Begrenztheit ins Feld geführt haben. Selbstverständlich stellt diese Äußerung eine ungemein wirkungsvolle Vergegenständlichung von Paragraph 4.026 aus Wittgensteins *Tractatus Logico-Philosophicus* dar, der mit dem Satz beginnt: »Die Bedeutungen der einfachen Zeichen (der Wörter) müssen uns erklärt werden, daß wir sie verstehen.«

Jeder aufkommende Zweifel daran, daß Pu auf diese Passage anspielt, wird bei fortgesetzter Lektüre sofort zerstreut. Eule antwortet nämlich:

»Esss bedeutet, wasss zzzu tun issst.«
»Solange es das bedeutet, habe ich nichts dagegen«, sagte Pu demütig.

Wir sind Zeugen, wie Eule ihre leicht unverständliche Äußerung in einen deutlichen Satz umwandelt. Damit demonstriert sie (1) die Notwendigkeit, Wörter zu erklären, und veranschaulicht (2) den zweiten Teil von Wittgensteins Paragraph 4.026, der lautet: »Mit den Sätzen aber verständigen wir uns« [*Tractatus*, ebda.]. Genau das hat Eule getan.

Viele Studenten der Pu-Philosophie sind der Auffassung, daß die Beschäftigung mit anderen Philosophen reine Zeitverschwendung ist. Daher weiß vielleicht manch einer unter ihnen nicht, daß Wittgenstein den *Tractatus* in numerierte Paragraphen untergliederte, von denen viele nur einen Satz lang sind. Ich muß zugeben, daß auch Wittgenstein selbst anderen Philosophen gegenüber eine gewisse abschätzige Haltung eingenommen hat; so schrieb er: »Die meisten Sätze und Fragen, welche über philosophische Dinge geschrieben worden sind, sind nicht nur falsch, sondern unsinnig. Wir können daher Fragen dieser Art überhaupt nicht beantworten, sondern nur ihre Unsinnigkeit feststellen. Die meisten Fragen und Sätze der Philosophen beruhen darauf, daß wir unsere Sprachlogik nicht verstehen« (4.003). Dennoch möchte ich Lesern, die versucht sind, diesem Prinzip zu folgen, zu bedenken geben, daß sie sich, folgten sie dieser Auffassung, der Möglichkeit beraubten, der überragenden Leistung des Großen Bären die verdiente Wertschätzung entgegenzubringen.

So könnten wir zum Beispiel ohne Kenntnis von Wittgensteins Bemerkung über die unsinnigen Fragen von Philosophen kaum den eindeutigen Verweis auf diese Passage in Pus *Fragen, Fragen, immer nur Fragen* erkennen, das, wie alle *Pu*-Leser wissen, wie folgt endet:

Fragen, Fragen, immer nur Fragen.
Unsichtbar wird der Honig im Magen.
Gib mir ein Rätsel auf; ich werde sagen:
*»Da mußt du jemand anders fragen.«*

Das »Rätsel« steht hier paradigmatisch für die Art von Fragen, die Wittgenstein als unsinnig und demzufolge unbeantwortbar einstuft. Pus scheinbar belanglose Entgegnung auf solcherlei »Rätsel« macht dies mit einem Augenzwinkern deutlich.

Obgleich Pu hier bereits klarmacht, daß er nichts von Rätseln und damit von unsinnigen Fragen hält, sollten wir nicht den Fehler machen, leichtfertig über diese Passage hinwegzugehen. Drei Elemente verlangen nach eingehender Analyse:

1. Das Rätsel
2. Die Interpunktion
3. Pus Entgegnung und deren Implikationen

1. Das Rätsel wird nicht näher charakterisiert, so daß es als semantische Leerstelle jegliche inhaltliche Füllung offenläßt. Denkbar wäre beispielsweise ein im kulturellen Umfeld Milnes allgemein bekanntes, traditionelles englisches Rätsel wie: »Warum überquert ein Huhn die Straße?« Mit der lapidaren Antwort: »Weil es auf die andere Seite will.«

Allerdings wäre eine derartige Fragestellung, wie sie in vielen überlieferten Rätseln zu finden ist, durchaus rational, wie auch die üblichen Antworten rationale Erwiderungen darstellen. Daher kann diese Rätselgattung nicht gemeint sein. Ebensowenig wie eine philosophische Frage. Die bloße Erwähnung eines Rätsels ohne jegliche inhaltliche Spezifizierung mündet also in wilder Spekulation und ist ebenso unsinnig wie manche Fragestellungen, die uns allenthalben in philosophischen Werken begegnen. Somit wird Wittgensteins Position hier auf subtilste Weise verdeutlicht.

2. Vielen Lesern ist die Interpunktion in der betreffenden Zeile aufgefallen. Milne hat die Zeichensetzung in seinem großartigen Werk überaus differenziert gehandhabt. Er verzichtet hier bewußt auf das zu erwartende Ausrufungszeichen hinter der vermeintlichen Aufforderung und setzt statt dessen ein Semikolon. Warum? Weil der Autor uns signalisieren möchte, daß es sich hier nicht um eine echte Aufforderung handelt, sondern im Gegenteil um den hintersinnigen Versuch, ein philosophisch fragwürdiges Verhalten gleich im Keim zu ersticken.

3. Pus Entgegnung »*Da mußt du jemand anders fragen*« verkörpert beispielhaft die gelassene Haltung des wahren Philosophen, der die Beantwortung solcher Fragen als unsinnig erkannt hat und den Fragesteller ermuntert, durch eigene Erfahrung einen ebenso hohen Erkenntnisstand zu erreichen.

Wir haben bereits festgestellt, daß Pu vor allem ein handelnder Denker ist, so daß wir kein Beispiel mehr anführen müssen, das Wittgensteins Diktum »Die Phi-

losophie ist keine Lehre, sondern eine Tätigkeit« (4.112) illustriert. Auch daß alle Philosophie »Sprachkritik« ist (vgl. 4.0031), wird wiederholt im Milneschen Œuvre veranschaulicht, doch hier scheint eine genauere Analyse angebracht.
Betrachten wir die folgenden Passagen. *Pu der Bär*, Kapitel eins:

> »Er heißt Winnie-*der*-Pu. Weißt du nicht, was *der* bedeutet?«
> »Genau, genau, jetzt weiß ich es«, sagte ich schnell; und ich hoffe, du weißt es auch, denn mehr als diese Erklärung wirst du nicht kriegen.

Kapitel sechs, in dem I-Ah »Ringel Ringel Rosen« als »Bonno-Mi« erklärt, und vor allem Kaninchens verblüffende Aussage, die es in bezug zu der geplanten Entführung von Ruh macht:

> »Wir sagen ›Aha!‹, damit Känga weiß, daß *wir* wissen, wo Klein Ruh ist. ›Aha!‹ bedeutet: ›Wir werden dir sagen, wo Klein Ruh ist, wenn du uns versprichst, daß du aus dem Wald verschwindest und nie wiederkommst.‹«

Diese drei Passagen – und es gibt noch zahlreiche andere – verweisen eindeutig auf Wittgensteins Gedanken, »in der Philosophie führt die Frage ›wozu gebrauchen wir eigentlich jenes Wort, jenen Satz‹ immer wieder zu wertvollen Einsichten« (6.211).

Schon bei flüchtiger Betrachtung werden einige dieser Einsichten evident. Die erste Passage verdeutlicht, daß es selbst in einem so klar verständlichen Werk wie *Pu der Bär* vorkommen kann, daß ein Schlüsselbegriff ungeklärt bleibt. Warum? Wittgenstein selbst bietet dafür zwei Erklärungen an. In dem ganz kurzen zweiten Absatz des Vorworts zum *Tractatus* schreibt er: »Man könnte den ganzen Sinn des Buches etwa in die Worte fassen: Was sich überhaupt sagen läßt, läßt sich klar sagen; und wovon man nicht reden kann, darüber muß man schweigen.«

Obwohl wir Pu Bär in seiner demütigen Haltung, sicherlich mit gutem Grund, nacheifern sollten, dürfen wir die Suche nach Sinn nicht allzu leichtfertig aufgeben. Erinnern wir uns, daß Wittgenstein in seinem späteren Werk *Philosophische Untersuchungen* ebenfalls im Vorwort schrieb: »Ich möchte nicht mit meiner Schrift Andern das Denken ersparen. Sondern, wenn es möglich wäre, jemand zu eigenen Gedanken anregen.«

Sowohl I-Ahs kühne Gleichsetzung von »Ringel Ringel Rosen« mit »Bonno-Mi« als auch Kaninchens sogar noch gewagtere semantische Verdichtung von »*Aha!*« zu einer komplexen Botschaft an Känga veranschaulichen Wittgensteins Gedanken über den Sprachgebrauch. Wie immer enthalten sie mehr als nur eine Botschaft, ja, sogar mehr als nur eine Wittgensteinsche Botschaft.

Wir alle erinnern uns, was geschieht, nachdem Kaninchen die Bedeutung seines »Aha!« erklärt hat:

> Pu ging in eine Ecke und versuchte, mit dieser speziellen Stimme ›Aha!‹ zu sagen. Manchmal kam es ihm so vor, als bedeute es das, was Kaninchen gesagt hatte, und manchmal kam es ihm nicht so vor. Ich glaube, es liegt nur an der Übung, dachte er. Ich frage mich, ob Känga auch üben muß, um es zu verstehen.

Hier vermittelt uns Pu exakt die gleichen Gedanken, die Wittgenstein in Paragraph 4.002 seines *Tractatus* formuliert: »Die Umgangssprache ist ein Teil des menschlichen Organismus und nicht weniger kompliziert als dieser.« Und später in demselben Paragraphen: »Die stillschweigenden Abmachungen zum Verständnis der Umgangssprache sind enorm kompliziert.« Pu verdeutlicht diesen zweiten Gedanken besonders eindrucksvoll, als er die Frage aufwirft, ob Känga Übung braucht, um das »Aha!« verstehen zu können, denn ohne die entsprechende Übung, ob nun durch formale Ausbildung oder durch Erfahrung der äußeren Wirklichkeit, können wir keine Botschaft verstehen.

Zudem verlangt eine dieser stillschweigenden Abmachungen, daß ein angemessener Zusammenhang zwischen den Äußerungen und den Situationen, in denen sie getätigt werden, bestehen muß. In diesem Sinne verweist Pu auf die Bedeutungslosigkeit einer Äußerung, falls dieser die entsprechende Begleitsituation fehlt – hier konkret Kaninchens überfrachtetes »*Aha!*«: »›Wir könnten natürlich‹, fuhr er [Pu] fort, auch ›Aha!‹ sagen, wenn wir Klein Ruh nicht gestohlen hätten.«

Das wichtigtuerische, aber intellektuell beschränkte Kaninchen ist weit davon entfernt, Pus entscheidenden Einwand zu verstehen, und scheint tatsächlich zu glauben, daß sich Pus Kommentar auf den absurden Plan bezieht.

»Pu«, sagte Kaninchen freundlich, »du hast nicht den geringsten Verstand.«
»Ich weiß«, sagte Pu demütig.

Pus Demut ist sicherlich zum Teil auf die Erkenntnis zurückzuführen, daß der Versuch, Kaninchen aufzuklären, selbst seine Kräfte übersteigt. In seinem post-*Pu*-schen Werk Philosophische Untersuchungen bemerkt Wittgenstein: »Eine unpassende Ausdrucksweise ist ein sicheres Mittel, in einer Verwirrung stecken zu bleiben« (Bemerkung 339).

Obwohl sämtliche *Pu*-Geschichten eine Fülle von Beispielen enthalten, die die Bedeutung der Sprachebene demonstrieren, stellen die Episoden mit Oile, oder Eule, wie sie von gewöhnlichen Sterblichen genannt wird, einen besonders reichhaltigen Fundus dar.

Wir haben uns bereits mit der allerersten beschäftigt und zwei ihrer Aspekte hervorgehoben: die Notwendigkeit, daß Wörter erklärt werden müssen, und der Gebrauch von Sätzen, um uns zu verständigen. Aber natürlich ist damit noch längst nicht alles gesagt.

Pu selbst bereitet uns darauf vor, ein Wesen mit überragendem Wissen kennenzulernen:

> »Und wenn irgendwer irgendwas über irgendwas weiß«, sagte sich Bär, »dann ist es Eule, die was über was weiß«, sagte er, »oder ich heiße nicht Winnie-der-Pu«, sagte er. »Ich heiße aber so«, fügte er hinzu. »Und das beweist, daß ich recht habe.«

Pus wortgewaltige Hommage sollte uns stets gegenwärtig sein, wenn wir über Oile nachdenken, und sie sollte uns vor der Versuchung bewahren, Oile als überragenden Geist nicht ganz ernst zu nehmen.

Daß wir Oile gegenüber eine angemessene Haltung einnehmen, noch bevor wir ihr erstmals begegnen, dafür sorgen die Zettel an ihrer Tür. Jeder echte Ursinianer kennt den Wortlaut dieser beiden Zettel auswendig.

Unter dem Türklopfer war ein Zettel mit der Aufschrift:

*Btte Klngln Fals Ntwort Rwatet Wirt.*

Unter dem Klingelzug war ein Zettel mit der Aufschrift:

*Btte Klopffn Fals Kaine Ntwort Rwatet Wirt.*

Wenn wir den Aspekt der Wackligen Rechtschreibung einen Moment außer acht lassen, erkennen wir, daß diese Zettel alle relevanten Kriterien der Wittgensteinschen Sprachphilosophie erfüllen. Sie sagen klar das, was sie sagen sollen, und zwar zum Teil deshalb, weil sie syntaktisch und semantisch den normalerweise akzeptierten, stillschweigenden Übereinkünften der Umgangssprache entsprechen: Wenn wir einen Zettel an einer Haustür finden, so erwarten wir, daß er uns Informationen liefert über die Person oder Personen, die dieses Haus bewohnen, insbesondere darüber, wie wir in Kontakt zu ihnen treten können. Genau diese Funktion erfüllen Oiles Zettel in vorbildlicher Weise, indem sie eindeutig sind und alle vorhersehbaren Eventualitäten berücksichtigen.

Nachdem der Kontakt hergestellt ist und Pu sein Problem dargelegt hat, antwortet Oile:

»Nun ... in solchen Fällen issst die übliche Verfahrenssssweise wie folgt: ...«

Bevor wir nochmals Pus Bitte um Erläuterung betrachten, müssen wir Oiles Äußerung analysieren. Ihr Verweis auf die »übliche Verfahrensssweise« signalisiert eindeutig, daß sie im Umgang mit solcherlei Problemen Erfahrung hat. Untermauert wird dies dadurch, daß sie ihre Antwort prompt und ohne zu zögern gibt, was wiederum Pus hohe Meinung von ihr bestätigt.

Wenden wir uns nun erneut Pus Beharren auf einer Erläuterung zu. Bedeutet es, daß Oiles anfängliche Aussage sträflich unverständlich war? Gewiß nicht. Wäre sie es gewesen, so würde die gesamte Wittgensteinsche Argumentation entstellt, auf die Pu hier abzielt. Nach Wittgenstein müssen gerade die *einfachen* Zeichen erklärt werden. Pus Verweis auf lange Wörter ist lediglich Teil seiner sokratischen Haltung.

Doch das ist nicht alles. Immer wieder erscheint Oile als Meisterin der Sprache, löst jedoch nur selten reale Probleme. Wie ist diese Diskrepanz zu verstehen? Obwohl die englische Originalausgabe von *Pu der Bär*

im Jahre 1926 erschien und die von *Pu baut ein Haus* 1928, mußten wir bis zur postumen Veröffentlichung von Wittgensteins *Philosophische(n) Untersuchungen* im Jahre 1953 auf eine Antwort warten. Die Bemerkung 109 endet mit den Worten: »Die Philosophie ist ein Kampf gegen die Verhexung unsres Verstandes durch die Mittel unserer Sprache.«
Insofern Oile eine für Wittgenstein relevante Rolle spielt – und das ist nur ein Aspekt ihrer Bedeutung –, so besteht diese darin, diese Verhexung zu exemplifizieren. Damit soll Oile keinesfalls abgewertet werden: Nur ein wahrhaft großer Geist, ausgestattet mit beeindruckender Sprachgewalt, konnte die ganze Kraft dieser sprachlichen Verzauberung verkörpern. Nur der noch beeindruckendere philosophische Intellekt des Großen Bären konnte den Kampf gegen diese Verhexung siegreich bestehen.
Beachtenswert ist, daß Oile bei einer denkwürdigen Gelegenheit zu erkennen gibt, daß sie sich dieser Situation durchaus bewußt ist. Ich beziehe mich natürlich auf die Episode, in der Pu, Ferkel und Oile nach einem Sturm in Oiles umgestürztem Haus gefangen sind. Sie wissen nicht, wie sie herauskommen können. Was tut Oile? Sie sagt:

»Dasss issst dasss Problem, Ferkel, welchesss in seinem Kopf zzzu bewegen ich Pu freundlichssst ersuche.«

Und als Pu eine geniale und überaus praktische Lösung ersinnt, kommentiert Oile:

»Du bissst ein autarker und hilfreicher Bär ...«

Die Textstelle bestätigt nicht nur überzeugend Pus Vorrangstellung, sondern sie wirft auch ein Schlaglicht auf Oiles großzügige Anerkennung dieses Status. Sie gereicht beiden großen Geistern zur Ehre – und Ludwig Wittgenstein, der die Situation so vortrefflich erhellt hat.
Nachdem wir uns ausführlich mit den Erben der Tradition empirischer Denker befaßt haben, wenden wir uns nun den unwegsameren und dunkleren Gebieten der deutschen Philosophie zu.

# 6
# *PU UND DIE DEUTSCHEN PHILOSOPHEN: KANT, HEGEL, NIETZSCHE*

## *Immanuel Kant (1724–1804)*

Erneut möchten wir auf die so ungemein bedeutungsreiche Episode um Pu Bär und die Bienen zu sprechen kommen und speziell zwei Äußerungen hervorheben, um sie diesmal jedoch unter kantschem Blickwinkel zu betrachten. »Und der einzige Grund dafür, eine Biene zu sein, den ich kenne, ist, Honig zu machen ... Und der einzige Grund, Honig zu machen, ist, damit ich ihn essen kann.«

So unglaublich es auch klingen mag, aber einige ursinianische Forscher haben darin einen Beleg für beschränkte Intelligenz, ja, sogar Gefräßigkeit gesehen. Ganz offensichtlich vermitteln diese Äußerungen – natürlich nur unter anderem – Kants Grundprinzip, daß unser Wissen stets durch das Vermögen unserer Vernunft begrenzt ist. Pus (vorgetäuschte) Unfähigkeit, Bienen als etwas anderes wahrzunehmen denn als Honigproduzenten und Honig als etwas anderes denn als Nahrung für ihn, ist Ausdruck von Kants Lehre, nach der es dem Menschen unmöglich ist, die Welt anders als in den Kategorien von Raum, Zeit und Kausalität zu erkennen.

Im Anschluß daran illustriert Pu Kants elementare Unterscheidung zwischen den Dingen, wie wir sie erkennen (»Phänomene«), und den Dingen an sich (»Noumena«).

»Bei Bienen kann man nie wissen«, sagt Winnie-der-Pu. Diese Maxime wurde von uns bereits unter kartesianischem Aspekt betrachtet. Sie stellt jedoch gleichfalls einen klaren Verweis auf Kants Lehre dar, daß die Dinge an sich (die Noumena) nicht erkennbar sind.

Somit gelingt es dem Großen Bären mit drei kurzen, genialen Sätzen, zwei Grundlehren Kants zu erhellen.

Darüber hinaus ist Pus Verwendung von bekannten Objekten wie Bienen zur Darstellung dieses Gedankens überaus kantisch. Denn Kant räumte ein, daß ein Verstand, der nicht natürlicherweise auf abstraktes Denken eingestellt ist, konkrete Beispiele benötigt, so wie ein Kleinkind einen Laufstuhl braucht. Pu, der sich an ein breites Publikum richtet, stellt uns stets einen »Laufstuhl« zur Verfügung.

Zudem hat Kant gleichsam prophetisch Pu als einen seiner geistigen Erben anerkannt, als er schrieb: »Diesen verdienstvollen Männern, die mit der Gründlichkeit der Einsicht noch das Talent einer lichtvollen Darstellung (dessen ich mir eben nicht bewußt bin) so glücklich verbinden, überlasse ich meine in Ansehung der letzteren hin und wieder etwa noch mangelhaften Bearbeitung zu vollenden.« Ist eine zutreffendere und großherzigere Beschreibung Pus denkbar?

Man beachte zudem, daß in der Formulierung von den »verdienstvollen Männern« eindeutig Oiles »autarker und hilfreicher Bär« anklingt.

Wir haben gelegentlich kritisch auf die Blindheit der ursinianischen Forschung hingewiesen. Um Gerechtigkeit walten zu lassen, müssen wir ein gleiches und ebenso unverzeihliches Ausmaß an Blindheit in der Kant-Forschung anprangern. Vergebens haben wir die einschlägigen Veröffentlichungen auf der Suche nach einer Analyse dieser verblüffenden Prophezeiung des Philosophen durchforscht, dessen Werk die jeweiligen Verfasser doch angeblich zu ihrem Spezialgebiet erkoren haben.

Ein weiterer interessanter, wenn auch kontroverser Bezug zu Kants Theorie von den Phänomenen ist in Kapitel drei von *Pu der Bär* zu finden – »In welchem Pu und Ferkel auf die Jagd gehen und beinahe ein Wuschel fangen«. Ferkel fragt, ob die Spuren, die sie verfolgen, Wuschel-Spuren sind. Pu antwortet: »Bei Pfotenabdrücken kann man nie wissen.«

Die Auslegung dieser Textstelle ist in der ursinianischen Forschung heftig umstritten. Das Problem liegt auf der Hand: Pfotenabdrücke scheinen eindeutig phänomenaler Natur zu sein, Objekte, die wir in Raum und Zeit wahrnehmen. Dennoch verleiht Pu hier einem

Skeptizismus Ausdruck, der scheinbar in die (kantisch) unerkennbare Welt der Dinge an sich (der Noumena) gehört.

Manche Forscher, vor allem Kantianer, erklären dies, indem sie das Wort »bei« in Pus Aussage hervorheben. Sie erinnern uns zu Recht daran, daß Pu bei seiner Wortwahl stets größte Sorgfalt walten läßt, und argumentieren, er leugne ja nicht, daß man Pfotenabdrücke erkennen (»wissen«), das heißt, sie als phänomenale Objekte erkennen kann. Die Einfügung des Wörtchens »bei« deutet darauf hin, daß der Erkenntnissprung von den sichtbaren, phänomenalen Pfotenabdrücken zu dem dahinterliegenden, nicht erkennbaren Noumenon – in unserem Fall das Wuschel – unmöglich ist. Sie erhärten diese Argumentation, indem sie darauf hinweisen, daß das Wuschel nie entdeckt oder an irgendeiner Stelle beschrieben wird. Dies, so behaupten sie, ist ein zwingender Beweis dafür, daß es die Welt der »Dinge an sich« repräsentiert.

Andere Wissenschaftler, vor allem Nicht-Kantianer, nehmen eine radikalere Position ein und behaupten, daß Pu seinen Skeptizismus sogar auf die Erkenntnis der Phänomene ausweitet.

Da uns nichts ferner liegt, als unseren Lesern das eigenständige Denken abzunehmen, überlassen wir ihnen die Entscheidung, welche Deutung ihnen überzeugender erscheint.

Auch die großartige HONICH-Topf-Episode eignet

sich für eine kantsche Lesart. Pus gründliche Prüfung des Inhalts erweist, daß es sich tatsächlich bis zum Grund um Honig handelt. Unsere Leser, die sicherlich inzwischen einen Blick für die kantschen Elemente im *Pu*-Text entwickelt haben, werden mit Leichtigkeit erkennen, daß uns anhand dieses Beispiels unsere Unfähigkeit vor Augen geführt wird, die Grenzen der phänomenalen Welt zu transzendieren, wie gründlich wir unsere Welt auch immer erforschen.

Diejenigen Leser, die sich zudem an den Symbolgehalt von Honig erinnern (Weisheit, Wahrheit, Güte), werden jedoch bewundernd – aber wohl kaum erstaunt – feststellen, daß Pu der Bär die Begrenztheit der Phänomene gerade im Akt ihrer Veranschaulichung transzendiert und daß er somit sogar noch den Transzendentalphilosophen Kant transzendiert.

## *Pu Bärs Kritik an der Kantschen Ethik*

Wenn Tieger nach einer Speise sucht, die er wirklich mag, und wenn Pu der Bär den Honig ißt, bevor er I-Ah den nützlichen – jetzt allerdings leeren – Topf als Geschenk überreicht, so sind das eindringliche Beispiele für die Kritik an einem der Hauptprobleme der Kantschen Ethik. Die bekannteste Fassung von Kants grundlegendem moralischem Prinzip, der Kategorische Imperativ, lautet wie folgt: »Handle so, daß die Maxime deines Willens jederzeit zugleich als Prinzip einer allgemeinen Gesetzgebung gelten könne.« Sogleich ergibt sich für uns ein Problem: Wie können wir Kants Kriterium gerecht werden, wenn wir ein Geschenk für eine bestimmte Person auswählen? Jeder, der es sich zur Maxime gemacht hätte, *jedem* Honig zu schenken, hätte dem Empfänger (I-Ah) in dem vorliegenden Beispiel Verdruß bereitet. Wenn wir jedoch für jeden Empfänger eine gesonderte (Geschenk-)Wahl treffen, dann kann die jeweilige Wahl nicht zur Maxime allgemeiner Gesetzgebung werden.

Dem läßt sich entgegenhalten, daß es sich hierbei um ein recht unrealistisches Problem handelt und daß die naheliegende Lösung darin besteht, sich nach der Maxime zu verhalten, die Art von Geschenk auszusuchen, die dem jeweiligen Empfänger Freude bereitet. Oder besser – denn nach dieser Formel könnten wir auch einem Alkoholiker eine Kiste Whisky schenken oder einem Psychopathen ein Maschinengewehr –, wir sollten Geschenke machen, die dem Empfänger angemessen sind. Das jedoch heißt, daß wir schenken sollten, was wir schenken sollten. Stimmt zwar, ist aber nicht gerade sehr hilfreich. Winnie-der-Pu hat also das dargelegt, was Alasdair MacIntyre »die inhaltsleere logische Formalität des Prüfverfahrens des kategorischen Imperativs« genannt hat.

Offensichtlich war Kant auf Winnie-den-Pu angewiesen, um seine eigene nebulöse Prosa zu klären. Und wie wir gesehen haben, zeigt der Große Bär eindeutig auf, daß Kants ethisches Fundament unrealistisch ist. Dennoch müssen wir anerkennen, daß Kant die deutsche, ja, die europäische Philosophie mindestens ein Jahrhundert lang beherrscht hat und daß er selbst heute noch einen starken Einfluß ausübt.

Der mit Abstand einflußreichste seiner deutschen Nachfolger war Hegel, mit dem wir uns nun beschäftigen werden.

## Georg Wilhelm Friedrich Hegel (1770–1831)

Bevor wir mit der Analyse der Hegelschen Philosophie beginnen, möchte ich den Leser in zweifacher Hinsicht vorwarnen. 1. Bertrand Russell meinte, daß Hegel der am schwersten verständliche unter den großen Philosophen sei. Hegel wollte nach eigener Aussage zwar Philosophie in klarem Deutsch lehren, aber das gelang ihm nur mit mäßigem Erfolg. Seinen Ruf illustriert vielleicht am besten die möglicherweise apokryphe Anekdote, daß er auf seinem Sterbebett gesagt haben soll: »Nur ein Mensch hat mich verstanden – und selbst der hat mich nicht wahrhaft verstanden.« 2. Inhaltliche Verständnisschwierigkeiten werden beispielsweise in der anglo-amerikanischen Rezeption durch unterschiedliche Übersetzungen von Schlüsselbegriffen seiner Philosophie noch verstärkt. So wird Hegels *Geist* zuweilen mit »mind«, zuweilen mit »spirit« übersetzt. Ich bin zu dem Schluß gelangt, daß sich die wahre Essenz von Hegels Denken am besten vermitteln läßt, wenn diesen Unterschieden Rechnung getragen wird, anstatt sie oberflächlich zu vertuschen.

Die Leser sollten also nicht verzweifeln, wenn sie feststellen, daß dieses Kapitel dem Verständnis größere Widerstände entgegensetzt als die sonstigen dieses Buches. Erst recht nicht sollten sie Milne oder Pu den Vorwurf machen, sie wären bei ihrer doch ansonsten glasklaren Analyse unter ihr übliches Niveau gesunken.

Zu Beginn unserer Erörterung der milneschen/puschen Hegel-Darstellung betrachten wir zunächst den ersten und letzten Absatz von Kapitel eins in *Pu der Bär* sowie den Schluß des Buches. Sie lauten wie folgt:

1. Hier kommt nun Eduard Bär die Treppe herunter, rumpel-di-pumpel, auf dem Hinterkopf, hinter Christopher Robin. Es ist dies, soweit er weiß, die einzige Art, treppab zu gehen, aber manchmal hat er das Gefühl, als gäbe es in Wirklichkeit noch eine andere Art, wenn er nur mal einen Augenblick lang mit dem Gerumpel aufhören und darüber nachdenken könnte. Und dann hat er das Gefühl, daß es vielleicht keine andere Art gibt. Jedenfalls ist er jetzt unten angekommen und bereit, dir vorgestellt zu werden. Winnie-der-Pu.

2. ... einen Augenblick später hörte ich, wie Winnie-der-Pu – *rumpeldipumpel* – hinter ihm die Treppe hinaufging.

3. ... einen Augenblick später hörte ich Winnie-den-Pu – *rumpeldipumpel* –, wie er hinter ihm die Treppe hinaufging.

Wenn wir diese Textstellen durch die hegelsche Brille betrachten, was sehen wir dann? Zunächst fällt uns wohl nur die Identität (bis auf eine minimale syntaktische Umstellung) der zweiten und dritten im Gegensatz zur ersten auf. Dabei könnte uns – wenn auch recht vage – die Hegelsche Vorstellung vom Identischen-im-Differenten in den Sinn kommen, dessen Aufdeckung die Aufgabe der Philosophie ist. Doch damit ist es nicht getan. Denken wir erneut nach, und denken wir diesmal insbesondere an Hegels Philosophie des Geistes.

## *Pu und Hegels Philosophie des Geistes*

Schlagartig geht uns ein Licht auf. Wir erkennen die offensichtliche – bislang übersehene – Tatsache, daß diese drei Textpassagen Hegels drei Stadien in der Entwicklung des Geistes widerspiegeln: der subjektive Geist, der objektive Geist und der absolute Geist. Für diejenigen, die nicht spontan von der Richtigkeit dieser Interpretation überzeugt sind, wollen wir unsere Behauptung durch die folgende Analyse erhärten.

Gleich zu Beginn stellen wir fest, daß der Große Bär zunächst als »Eduard Bär« bezeichnet wird. Erst am Ende des relativ langen Absatzes wird er »vorgestellt« – und gerade diesem mit Bedacht gewählten Wort sollten wir unsere Aufmerksamkeit schenken –, und zwar als »Winnie-der-Pu«. Die Unbestimmtheit bezüglich des korrekten Namens exemplifiziert klar und deutlich Hegels Diktum, daß der Geist in diesem rudimentären Stadium die »Idee in ihrer Unbestimmtheit« ist.

Die Vorstellung von der Unbestimmtheit des subjektiven Geistes wird in den vagen Überlegungen des Bären fortgeführt, daß es andere mögliche Arten geben muß, die Treppe hinabzugehen. (Ich hoffe, es ist nicht mehr notwendig, den Lesern erneut in Erinnerung zu rufen, daß es sich bei dieser scheinbaren Ignoranz lediglich um einen pädagogischen Kunstgriff handelt.) Darüber hinaus enthält diese augenscheinliche Verwirrung den zweiten und dritten Schritt einer Hegelschen Triade, das Dreischritt-Modell, das so häufig bei ihm zu finden ist. Die Triade besteht aus These (erste Behauptung), Antithese (Gegenbehauptung) und Synthese (die den Widerspruch aufhebt). Daraus folgt:

1. Es gibt andere Arten, treppab zu gehen.
2. Es gibt keine anderen Arten.

Das erwartete dritte Stadium wird erst später im selben Kapitel angesprochen, als Pu uns demonstriert:

3. Es gibt eine andere Art, baumabwärts zu kommen.

Diejenigen, die einwenden möchten, daß eine andere Art, baumabwärts zu kommen, keine befriedigende Synthese der ersten beiden Behauptungen des Dreischritts sei, werden von den Verfechtern dieser Interpretation auf die letzte Zeile des Beklage-Liedes verwie-

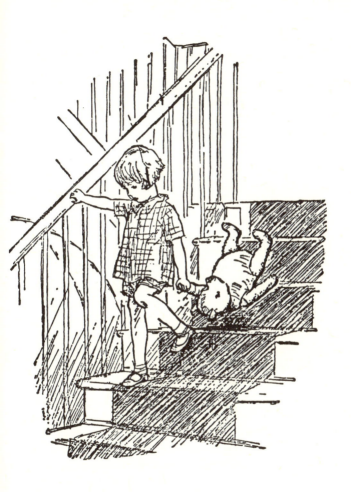

sen, das Pu intoniert, während er auf der Suche nach Honig den Baum hinaufklettert.

>»Schon seltsam, daß, wenn Bären Bienen wären,
Dann wäre ihnen auch ein Nest ganz unten eigen,
Und wenn es dann so wäre (die Bienen wären Bären),
Dann brauchten wir auch nicht so hoch zu steigen.«

Hier, so sagen sie, ist impliziert, daß Pu Bäume mit Treppen gleichsetzt, denn wie wäre sonst das Verb »steigen« zu erklären, das gemeinhin eine Bewegung bezeichnet, die man mit Stufen oder Treppen verbindet, während man für einen Baum eher das Verb »klettern« erwarten würde.

Eine andere philosophische Schule sieht die Auflösung in unserem zweiten Zitat, am Ende von Kapitel eins. Hier ist die Methode unverändert, doch die Bewegungsrichtung ist entgegengesetzt: treppauf statt treppab. Folgt man dieser Interpretation, so lautet die Synthese:

3. Es gibt eine andere Art, treppauf zu gehen.

Da Hegel der herausragende Vertreter des dialektischen Idealismus ist, überrascht es nicht, daß viele Deutungen sich in dialektischem Widerspruch zueinander befinden. Gern überlassen wir unseren Lesern die hegelianische Aufgabe, sie zu einer höheren Einheit zu verbinden, sie »aufzuheben«.

Es gibt jedoch noch eine weitere Interpretation dieser Passage, die die zuvor erwähnten keineswegs ausschließt, sondern sie überschreitet. Bevor wir uns dieser Deutung zuwenden, sollten wir uns daran erinnern, daß wir es hier mit einem Werk zu tun haben, das sich nicht nur durch seine imposante Sprachmächtigkeit, sondern auch durch seinen philosophischen Tiefgang auszeichnet. Ein Aspekt seiner rhetorischen Brillanz liegt in der bewußten Anordnung bestimmter Textpassagen. Der erste und letzte Absatz eines Kapitels ist stets von besonderer Bedeutung. Beim letzten Absatz steht diese Bedeutung meist im engen Zusammenhang mit dem Inhalt des Kapitels. Nun wird in Kapitel eins die Episode von Pu Bär und den Bienen erzählt, eine Episode, deren Bedeutungsreichtum wir erschöpfend behandelt haben. Was folgt dann?

Im Kontext Hegelscher Philosophie lautet die Antwort offensichtlich, daß der fragliche Absatz die Entwicklung vom ersten zum zweiten Stadium des Geistes veranschaulicht. Wir haben nun den objektiven Geist erreicht. Hegel erläutert, daß dieses Stadium

> ... in der Form der *Realität* als einer von ihm hervorzubringenden und hervorgebrachten *Welt* [ist], in welcher die Freiheit als vorhandene Notwendigkeit ist ...

Wie lebendig und eindrucksvoll hat Pu Hegels Gedanken in der Bienen-Episode plastisch gemacht! Pus Geist ist es, der das Summgeräusch bemerkt, es deutet, seiner Deutung gemäß handelt und so die Welt dieser Episode hervorbringt. Damit ist Hegels erstes Kriterium präzise erfüllt.

Das zweite Kriterium – demzufolge Freiheit als vorhandene Notwendigkeit ist – wird ebenso präzise erfüllt. Pu demonstriert Freiheit, indem er den Baum hinaufklettert und mit seinem Ballon fliegt, und Notwendigkeit manifestiert sich darin, daß er vom Baum fällt und mit dem Ballon abstürzt.

Wenden wir uns nun unserer dritten Textpassage zu. Wir hoffen, daß keiner unserer Leser bei der schlichten Wahrheit verharren wird, daß sie sprachlich nahezu identisch mit der zweiten ist. Auch hier sind Plazierung und Kontext von entscheidender Bedeutung. Wenn die ursinianischen Schüler am Ende von *Pu der Bär* angelangt sind – wir hoffen, mit Hilfe unseres schlichten Kommentars –, bringen sie dem großen Verstand des Großen Bären mittlerweile tiefe Bewunderung entgegen, und sie werden mühelos erkennen, daß der zweite Treppenaufstieg das dritte und letzte Stadium in der Entwicklung des Geistes repräsentiert. Wir haben den absoluten Geist erreicht.

Hegel beschreibt den Geist auf dieser dritten Stufe so:

daß er ... *in an und für sich seiender* und ewig sich hervorbringender *Einheit* der Objektivität des Geistes und seiner Idealität oder seines Begriffs [ist], der Geist in seiner absoluten Wahrheit, – der *absolute* Geist.

Der Nachweis für die Berechtigung dieser Auffassung liegt nicht so sehr in einer einzelnen Textpassage oder Episode des *Pu*-Textes, sondern vielmehr in der gewaltigen und komplexen Gesamtheit der Puschen Welt. Und das wiederum ist zutiefst hegelianisch. Für Hegel ist nämlich das Ganze unendlich viel mehr als die Summe seiner Teile. Tatsächlich sind die Teile für ihn überhaupt nur insofern intelligibel, als sie zum Ganzen gehören; das Wahre ist also das Ganze.

Die oben angeführten Passagen sind keineswegs die einzigen, die die Entwicklung der drei Stadien des Geistes verdeutlichen. Christopher Robins Äußerung: »Das könnte Pu auch gar nicht [ein Heffalump fangen], weil er überhaupt keinen Verstand besitzt«, ist eine offensichtliche Hyperbel für den verwirrten ersten Geisteszustand – in dem sich Christopher Robin leider permanent befindet.

Ausgestattet mit dieser Verständnishilfe sollte wohl jeder die Charakterisierung von Pu als »Bär von sehr wenig Verstand« sofort als ähnlich übertriebenen Verweis auf das zweite Stadium in der Entwicklung des Geistes begreifen. Unsere Position wird zweifelsfrei bestätigt, wenn Pu selbst verkündet, daß er ein »Bär von enormem Verstand« ist.

Sollte es unter unseren Lesern jetzt immer noch Skeptiker geben, so müssen wir diesen Umstand leider darauf zurückführen, daß sie in der Wirrköpfigkeit – in Hegels Begrifflichkeit: der Unbestimmtheit – des subjektiven Geistes gefangen sind.

Dem aufgeschlossenen und sachkundigen Leser wird nicht entgangen sein, daß Pus Erkenntnis seiner selbst als Bär von enormem Verstand eine weitere hegelianische Funktion erfüllt. Professor F. C. Coplestone hat ein Hauptelement der Hegelschen Philosophie zusammengefaßt: »Die philosophische Vernunft gelangt schließlich dahin, die gesamte Geschichte des Kosmos und die gesamte Menschheitsgeschichte [sic] als das Sich-Entfalten des Absoluten zu betrachten. Und diese Erkenntnis ist die Selbsterkenntnis des Absoluten.« Kann ein vernunftbegabtes Wesen daran zweifeln, daß diese Selbsterkenntnis des Absoluten durch Pus Erkenntnis, daß er ein Großer Geist ist, exemplifiziert wird?

Zur Erhärtung dieser Auffassung möchten wir darauf hinweisen, daß Pus negative Selbsteinschätzungen, wie beispielsweise die, daß er sich als »ein Bär ohne jeden Verstand« bezeichnet, ganz offensichtlich nicht nur als sokratische Strategie aufzufassen sind: Im hegelianischen Kontext müssen wir bedenken, daß sich der Geist in seinem zweiten Stadium von sich selbst löst und zu diesem zweiten Aspekt in diametralen Gegensatz tritt. Das heißt, der »enorme Verstand« tritt zu sich selbst in diametrale Opposition: »ohne jeden Verstand«.

Wir wollen uns nun mit einem Philosophen ganz anderer Art beschäftigen, der Pus expositorische Fähigkeiten gleichfalls einer überaus harten Probe unterziehen wird.

## *Friedrich Nietzsche (1844–1900)*

>»Ich frage mich seit Jahr und Tag,
>Warum ein Bär den Honig mag.
>Summ! Summ! Summ!
>Ich frage mich: warum?«

Wir haben bereits einige Antworten auf die in diesem kleinen Gedicht gestellte Frage erarbeitet, doch noch längst nicht alle. Bei Nietzsche findet sich die deutlichste Anspielung darauf in der *Götzen-Dämmerung*, wo Ralph Waldo Emerson gerühmt wird als »ein Solcher, der sich instinktiv bloß von Ambrosia nährt, der das Unverdauliche in den Dingen zurückläßt«. Wer mag bezweifeln, daß Emersons Ambrosia gleichbedeutend ist mit Pus Honig?

Und ganz ähnlich entspricht Pus teleologischer Ansatz, als er beispielsweise folgert, die Produktion von Honig sei der einzige Grund, eine Biene zu sein,

Nietzsches Äußerung über den Baum, der nur für seine Früchte existiere. Die Parallele ist sogar noch treffender, wenn wir uns vor Augen halten, von welchen Früchten Nietzsche hier spricht. Es sind Individuen gemeint, und wo sollten wir wohl eine beeindruckendere Gruppe von Individuen finden als in der Welt Pus?

Darüber hinaus veranschaulicht Pu mit seinem Ballonflug offensichtlich Nietzsches Kriterium für Freiheit. »Wonach mißt sich die Freiheit, bei Einzelnen, wie bei Völkern? Nach dem Widerstand, der überwunden werden muss, nach der Mühe, die es kostet, *oben* zu bleiben.«

Nietzsche philosophiert ungemein stark aus seiner Persönlichkeit heraus, daher ist es faszinierend, daß der Lebensstil, den er empfiehlt, auch bei dem Großen Bären festzustellen ist. Sobald Pu als »Winnie-der-Pu« vorgestellt wird, erscheint er ausgewachsen. Es gibt keinerlei Hinweis darauf, daß er je ein Bärenjunges war. Keinen Hinweis auf seine Eltern. Somit haben wir es hier zweifelsfrei mit einer Veranschaulichung von Nietzsches Forderung zu tun, die da lautet: »Alle obersten Werte sind ersten Ranges, alle höchsten Begriffe, das Seiende, das Unbedingte ... das alles kann nicht geworden sein, *muß* folglich *causa suis* sein.«

Damit nicht genug. Gleich zu Beginn der *Pu*-Geschichte erfahren wir, daß »Winnie-der-Pu ganz allein ... in einem Wald wohnte«. Eine klare Bestätigung von Nietzsches Maxime: »Um allein zu leben, muß man ein Tier oder ein Gott sein – sagt Aristoteles. Fehlt der dritte Fall: man muß beides sein – *Philosoph.*«

Ein gutunterrichteter, doch vielleicht etwas beschränkter Leser könnte nun die Frage aufwerfen, ob Pu seine Größe als Philosoph nicht gefährdet, indem er Ferkel einlädt, bei ihm zu wohnen. Aus unterschiedlichen Gründen muß die Antwort darauf ein entschiedenes Nein sein. Erstens, die Einladung wird am Ende des vorletzten Kapitels ausgesprochen und angenommen. Zu diesem Zeitpunkt ist die intellektuelle Vorrangstellung des Großen Bären bereits absolut gesichert. In Anlehnung an Nietzsche könnte man sagen, er ist eindeutig der *Überbär.* Zweitens, er ist zudem in aristotelischen Termini ein *freigebiger* Bär, dem dieser Freundschaftsbeweis leichtfällt. Drittens, einerlei wie sehr Nietzsche auch die Einsamkeit pries, es gibt eine lange und ehrwürdige Tradition von großen Philosophen, die ihre jeweiligen Lieblingsschüler bei sich aufnahmen. Und Pus Wahl fällt nun mal auf Ferkel, trotz all seiner intellektuellen Defizite.

Es ist jedoch äußerst zweifelhaft, ob aus Ferkel, selbst durch das tagtägliche Zusammensein mit Pu, mehr werden wird als ein getreuer, doch häufig verständnisloser Schüler. Die Episode, mit der wir uns im folgenden beschäftigen, erhärtet unsere Einschätzung der Beziehung Pu–Ferkel.

Wir kehren damit gleichzeitig zu Pus Kommentierung von Friedrich Nietzsche zurück. Bei der angekündigten Episode handelt es sich natürlich um die Passage zu Beginn von *Pu baut ein Haus*. Pu, der an einem Tag, an dem es heftig schneit, Ferkel besuchen will, stellt fest, daß es nicht zu Hause ist, und sagt: »Ich werde einen Gang tun müssen, und zwar um nachzudenken, und zwar allein. So ein Mist!« Eine lebendige Konkretisierung von Nietzsches genialer Definition des kontemplativen Lebens als eines Spaziergangs mit Freunden und Gedanken. Pus »Gang, um nachzudenken«, ist zweifelsohne ein Spaziergang mit Gedanken, während er mit den Worten »So ein Mist!« sein Bedauern zum Ausdruck bringt, daß sein Gang, um nachzudenken, diesmal ohne einen Freund erfolgen muß. Glücklicherweise gab es andere Gelegenheiten, bei denen sowohl Gedanken als auch Freunde ihn begleiteten.

So übt Pu an anderer Stelle ein Gesumm ein, nämlich sein »Gesumm voller Hoffnung, zum Vorsummen«, wobei es in diesem Fall Ferkel vorgesummt wird. Die Leser, denen Nietzsche nicht ganz so vertraut ist, mögen sich fragen, was ein Gesumm, selbst wenn es ein gutes Gesumm ist, mit Philosophie zu tun hat; doch wer *Die Fröhliche Wissenschaft* kennt, wird sich erinnern, daß sie ein Vorspiel aus 63 »deutschen Reimen« und einen Anhang mit 14 Liedern »des Prinzen Vogelfrei« hat. Nichts könnte also dem Denken Nietzsches mehr entsprechen als ein philosophisches Gesumm.

Während Pu sein gutes Gesumm einübt, macht Ferkel, das sich im Schnee nicht sonderlich wohl fühlt, den Vorschlag, man könne doch auch zu Hause üben. Pu erwidert darauf, daß es »... ein spezielles Lied ist, das man im Freien und im Schnee singen muß«.

Drei Aspekte dieser Episode sind erwähnenswert. Erstens, im Hinblick auf Ferkel können wir feststellen, daß es genau die Mischung von Anhänglichkeit und Unverständnis an den Tag legt, die so charakteristisch für es ist. Zweitens, Pu Bärs ausgesprochen fröhlich vorgetragenes Lied:

>»Der Schnee, der
>SCHNEE-tideli-pom,
>In dem ich
>GEH-tideli-pom,
>In dem
>SCHNEE-tideli-pom,
>Im Schnee.
>Er tut schon
>WEH-tideli-pom,
>Im vielen
>SCHNEE-tideli-pom,
>Er tut
>WEH-tideli-pom:
>Der
>Zeh.«

exemplifiziert Nietzsches Forderung, daß man »ja« sagen muß, ohne Vorbehalt, selbst zum Leiden. Letztendlich können wir diesen Abschnitt über Pus Nietzsche-Verarbeitung abschließen, indem wir feststellen, daß er uns hier ein besonders überzeugendes Beispiel für Nietzsches Diktum liefert, daß nur Gedanken, die man durch Gehen gewinnt, von Wert sind.

Wie bei vielen anderen der von uns untersuchten Philosophen würde es den Rahmen eines einzigen Kapitels sprengen, wollten wir sämtliche in den *Pu*-Büchern enthaltenen, direkten und indirekten Verweise auf Nietzsche aufgreifen und analysieren. Wir möchten daher die Aufmerksamkeit der Leser nur kurz auf einige wenige Bezüge lenken, um das Kapitel dann mit einer ausführlicheren Untersuchung von *Also sprach Zarathustra* abzuschließen, das dem ursinianischen Wissenschaftler möglicherweise die größte Materialfülle zu bieten hat.

Daher soll hier auch nur beiläufig angemerkt werden, daß die fröhliche staatenlose Kultur der Puschen Gesellschaft wie eine Versinnbildlichung von Nietzsches Satz »Die Cultur und der Staat ... sind Antagonisten« erscheint und daß Pu der Bär ganz offensichtlich genau die Art von Gefährte ist, nach der Nietzsche sich sehnte, nämlich einer, »... mit dem ich heiter sein dürfte!«.

## *Nietzsche und Kaninchen*

Nachdem Pu Bär versprochen hat, I-Ahs Schwanz zu finden, sucht er bei Eule Rat: »... wenn irgendwer irgendwas über irgendwas weiß ... dann ist es Eule, die was über was weiß.« Auch Kaninchen wendet sich wie selbstverständlich an Eule, damit sie ihm die rätselhafte Nachricht übersetzt

WEGEGANG
BALZRÜCK
HAPPZUTUHN
BALZRÜCK
C.R.

Kaninchen erklärt seine Bitte mit den Worten: »Eule ... du und ich, wir haben Verstand. Die anderen haben Fusseln im Kopf. Wenn es in diesem Wald ums Denken geht – und wenn ich ›Denken‹ sage, dann meine ich Denken –, sind wir beiden diejenigen, die das übernehmen müssen.« Eule bestätigt dies. Unübersehbar handelt es sich hier um eine Anspielung auf Nietzsches Aussage, daß die Rationalität einmal als die *Erlöserin* betrachtet wurde. Und auch der letzte kleine Zweifel wird beseitigt, wenn wir uns erinnern, daß er diese Aussage beim Nachdenken über Sokrates macht: Das praktische Scheitern von Eules gekonnt rationaler Methode setzt Nietzsches vielerorts – so auch hier – kritische Haltung zum sokratischen Rationalismus in Handlung um.

Zu Beginn unserer bescheidenen kleinen Einführung in den philosophischen Bereich der ursinianischen Studien haben wir zwar darauf hingewiesen, daß primär der Große Bär die in Milnes Meisterwerk enthaltene Philosophie beispielhaft verkörpert und erläutert, doch es gibt noch jemanden. In diesem Zusammenhang wollen wir nun die folgende Passage vom Anfang des Kapitels fünf aus *Pu baut ein Haus* betrachten.

Dies war einer von den Tagen, an denen für Kaninchen viel los war; es würde alle Hände voll zu tun haben; das merkte es schon, als es aufwachte: dies Gefühl, als hinge alles von ihm ab. Es war genau der Tag, um etwas-zu-organisieren oder etwas-gez.-Kaninchen zu verfassen ... Es war ein Tag für einen Hauptmann oder Kapitän, wenn jeder sagt: »Ja, Kaninchen!« und »Nein, Kaninchen!« und wartete, bis Kaninchen Bescheid gesagt hatte.

Diese Passage enthüllt Kaninchen als den klassischen Bürokraten, ja, sogar als potentiellen Diktator. Ein wohlmeinender Diktator, zweifellos, aber gewiß ein gefährlicher Feind für die freie, auf Zusammenwirken angelegte Harmonie der Welt von Winnie-dem-Pu. Glücklicherweise scheitern alle seine Pläne. Und sie scheitern, weil, wie schon Nietzsche sagte: »Die Macht *verdummt* ...«

## Zarathustra und Honig

Wenn es etwas gibt, das selbst dem oberflächlichsten Leser von Winnie-dem-Pu bekannt ist, dann ist es Pus Leidenschaft für Honig. Es wäre reine Zeitverschwendung, dafür erneut Beispiele anzuführen. Ich hoffe, daß sich mittlerweile alle Leser der mannigfaltigen philosophischen Bedeutungen bewußt sind, die dieses großartige Symbol enthält. Natürlich werden sie erwarten, bei Nietzsche noch mehr Verweise zu finden als die bereits erwähnte knappe Parallele zu Emersons Ambrosia. Und sie werden nicht enttäuscht. »Alle Lust will ...

Honig«, schrieb Nietzsche, und diese Botschaft findet sich bei ihm immer und immer wieder.

Natürlich werden sich die Leser, die *Also sprach Zarathustra* kennen, mittlerweile ungeduldig fragen, wann unser Autor sich der Erörterung der wohl bedeutendsten Passage zuwenden wird, dem Kapitel »Das Honig-Opfer«. Gleich zu Anfang lesen wir, daß Zarathustra zwar keine menschlichen Gefährten hat, aber von freundlichen Tieren umgeben ist, mit denen er spricht. Es sagt sogar zu ihnen: »... ihr ratet trefflich ...« Noch beeindruckender ist, daß er ihrem Rat folgt.

Obwohl das Kapitel ganz offensichtlich voller ursinianischer Anspielungen steckt, müssen wir zugeben, daß es schwierig ist, sie im einzelnen herauszuarbeiten. So beginnt das Kapitel beispielsweise damit, daß Zarathustra ein freundliches und anscheinend gleichberechtigtes Gespräch mit »seinen Tieren« führt. Nachdem er jedoch ihren Rat angenommen und den Gipfel eines Berges erklommen hat, schickt er sie nach Hause. Nachdem sie ihn verlassen haben, gesteht er, daß er nun freier reden kann als vor »Einsiedler-Haustieren«.

Seine Verweise auf Honig sind ähnlich vieldeutig. Er spricht von dem Honig in seinen Adern, der seine Seele stiller macht. Und Stille ist bei Nietzsche wohl kaum eine Tugend. Dann fordert er von den Tieren für die Bergbesteigung: »Aber sorgt, daß dort Honig mir zur Hand sei, gelber, weißer, guter, eisfrischer Waben-Goldhonig.« (Eine Formulierung, bei der Pu Bär das

Wasser im Munde zusammenlaufen muß!) Er erklärt, wozu er den Honig benötigt: »Denn wisset, ich will droben das Honig-Opfer bringen.« Dann wiederum, als er allein ist, gesteht er: »Daß ich von ... Honig-Opfern sprach, eine List war's nur meiner Rede ...«
Was hat das alles zu bedeuten?

*Wer verkörpert Zarathustra in Pus Welt?*

Nach Ansicht einer philosophischen Schule läßt sich Zarathustras Verhältnis zu den Tieren mit Christopher Robins Verhältnis zu »seinen« Tieren gleichsetzen. Als Beleg für diese Auffassung wird angeführt, daß Christopher Robin die einzige menschliche Figur in Milnes Buch ist, so wie Zarathustra die einzige menschliche Figur in dem Kapitel ist, mit dem wir uns hier beschäftigen. Des weiteren wird darauf hingewiesen, daß Christopher Robins endgültiger Abschied vom Wald dem Abschied Zarathustras von seinen Tierfreunden auf dem Berg entspricht.

Wir haben es hier mit einer Beweisführung zu tun, die, isoliert betrachtet, durchaus plausibel erscheint, sich jedoch sofort in ihre Bestandteile auflöst, wenn man versucht, sie auf die Fakten anzuwenden, die sie angeblich erklären will. Es stimmt zwar, daß Christopher Robin und Zarathustra in ihrem jeweiligen Umfeld die einzigen menschlichen Gestalten sind, aber trotz dieser vordergründigen Ähnlichkeit unterscheiden sie sich doch grundlegend voneinander. Christopher Robins intellektuelle Beschränkungen haben wir in den vorangegangenen Kapiteln so ausführlich dargelegt, daß meine Leser jeden Versuch, ihn als den Repräsentanten Zarathustras zu bezeichnen, sogleich zurückweisen werden. Eine genauere Widerlegung ist hier nicht erforderlich.

Die Christopher-Zarathustra-Hypothese wird wohl nur von den unbelehrbarsten Anhängern aufrechterhalten werden, doch andere werden uns auffordern, eine plausiblere vorzulegen. Und obwohl das schlichte Aufdecken der Fehler anderer absolut gerechtfertigt ist – von dem damit verbundenen Vergnügen ganz zu schweigen –, ist es in jedem Fall besser, der Wahrheit so nahe wie möglich zu kommen und überzeugendere Beweise vorzulegen.

Die Frage, die wir uns nun stellen müssen, lautet: Wer in Pus Welt spielt in diesem speziellen Kontext die Rolle Zarathustras? Wie jeder scharfsinnige Leser bereits intuitiv erfaßt hat, ist das natürlich der Große Bär selbst. Seine beeindruckende geistige Überlegenheit läßt von Anfang an keinen Zweifel daran aufkommen. Dennoch sollten wir uns vielleicht nicht ausschließlich auf dieses Apriori-Argument verlassen. Das müssen wir auch gar nicht, denn es gibt empirische Belege in Hülle und Fülle, die diese Position untermauern.

Zum Beispiel: 1. Der ständige Wechsel von Pu Bär zwischen der Einsamkeit, in der er lebt, und der Geselligkeit mit den anderen Waldbewohnern spiegelt Zarathustras Wechsel zwischen Einsamkeit und Geselligkeit wider. 2. Pu klettert auf Bäume; Zarathustra klettert auf Berge. Ganz nebenbei sei bemerkt, daß Pu, der in der Ballon-Episode hoch über der Erde schwebt, sich zu höherer Transzendenz aufschwingt. 3. Eine der zahlreichen Funktionen von Pus zirkulärer Wuschel-Jagd liegt darin, Nietzsches eigentümliche Lehre von der »großen Wiederkunft« zu veranschaulichen, die Lehre, derzufolge »alle Dinge ewig wiederkehren und wir selber mit, und daß wir schon ewige Male dagewesen sind, und alle Dinge mit uns«.

Ein viertes Argument nimmt Bezug auf Zarathustras Aussage, daß Honig etwas ist, »nach dem auch Brummbären ... die Zunge lecken« [ebda.]. Wie ist das zu deuten? Natürlich sagen wir spontan, daß Pu alles andere als ein Brummbär ist. Daher kann es ganz offensichtlich zwischen ihm und dem Brummbär keine Deckungsgleichheit geben. Wenn wir jedoch, was unerläßlich ist, Nietzsches »auch« in seiner ganzen Bedeutungsschwere berücksichtigen, wird der Doppelsinn dieser Aussage sichtbar. Der Bär, von dem hier die Rede ist, liebt wie Pu Honig, aber anders als er ist er ein Brummbär. Daraus folgt zweifellos, daß Pu von Brummbären unterschieden wird und daß ihm ein völlig anderer Status zuerkannt wird, oder besser gesagt, daß sein differenter Status anerkannt wird. Da Nietzsche immer wieder ein Loblied auf die Freude singt und Grollen und Brummen verabscheut, ist Pus Status nicht einfach bloß different: Er ist überlegen.

Somit ist der letzte Zweifel ausgeräumt: Pu selbst repräsentiert in diesem Zusammenhang Zarathustra. Und wir können beruhigt noch weitergehen: Wir haben es hier mit einer der vielen Textstellen zu tun, in denen Nietzsche Winnie-den-Pu zwar implizit, aber unmißverständlich als Überbär anerkennt.

Nachdem wir die Frage, in welcher Beziehung Pu der Bär zu diesem Abschnitt von *Also sprach Zarathustra* steht, zufriedenstellend geklärt haben, wenden wir uns nun dem Honig-Problem zu, das bei Pu am deutlichsten in der Episode mit der Heffalump-Falle thematisiert wird.

»Ich habe beschlossen, ein Heffalump zu fangen.« Auf diese Absichtserklärung läßt Pu den Entschluß folgen, in der Heffalump-Falle Honig als Köder auszulegen. Betrachten wir das Ganze nun im Kontext von Nietzsches Erwähnungen von Honig in *Also sprach Zarathustra*. Sogleich erinnern wir uns an Zarathustras Aussage, daß er Honig als Köder begehrte, und an seine rhetorische Frage: »Habe ich ihn [den höheren Menschen] nicht selber zu mir gelockt, durch Honig-Opfer ...?«

## I-Ah und Nietzsche

Bei der ersten Begegnung mit I-Ah wird er uns mit folgenden Worten vorgestellt:

> Der alte graue Esel, I-Ah, stand allein in einem distelbewachsenen Winkel des Waldes, die Vorderbeine gespreizt, den Kopf auf eine Seite gelegt, und dachte über alles nach. Manchmal dachte er traurig bei sich: Warum?, und manchmal dachte er: Wozu?, und manchmal dachte er: Inwiefern? –, und manchmal wußte er nicht so recht, worüber er nachdachte.

Ich darf wohl annehmen, daß meine Leser inzwischen nicht mehr dadurch überrascht werden, mit welcher Verblendung frühere Leser – ursinianische Gelehrte ebenso wie Philosophen – der gedanklichen Tiefe von Pus Welt begegneten. Dennoch wird es sie schockieren, daß bis zum heutigen Tage niemand auf die unübersehbaren Implikationen oben zitierter Beschreibung eingegangen ist; eine Beschreibung, die um so bedeutsamer ist, als sie uns den ersten Eindruck von I-Ah vermittelt und auf diese Weise unsere gesamte weitere Wahrnehmung prägt.

Was erfahren wir also in den Zeilen? Daß I-Ah über alles nachdenkt. Daß er traurig denkt. Daß er fragt: »Warum?«, »Wozu?«, »Inwiefern?« Daß er sich mitunter im

Labyrinth seiner eigenen Fragen verliert. All das ist eine konkrete Umsetzung von Nummer 11 der »Sprüche und Pfeile« in der *Götzen-Dämmerung*, die da lautet:

> Kann ein *Esel* tragisch sein? – Dass man unter einer Last zu Grunde geht, die man weder tragen, noch abwerfen kann? ... Der Fall des Philosophen.

In dieser Reflexion finden wir alles wieder: die Traurigkeit, das spezifisch philosophische Fragen, seine mitunter lähmende Komplexität.

## *I-Ah und das Eselsfest*

I-Ah ist Philosoph genug, um bedeutsame Fragen zu stellen. Anders als Pu der Bär kann er sie jedoch nicht beantworten. Diese beschränkte Fähigkeit führt uns das große geistige Vermögen selbst der unbedeutenderen Waldbewohner vor Augen. Im letzten Kapitel von *Pu der Bär* treten sie den Beweis dafür an. Jeder von uns erinnert sich, daß Christopher Robin eine Party gibt, um Pus Einfallsreichtum und Mut während der Überschwemmung zu feiern. Wir erinnern uns auch, daß I-Ah irrtümlicherweise glaubt, die Party würde zu seinen Ehren gegeben, und versucht, das Wort zu ergreifen. Die anderen jedoch mißachten seinen Versuch und feiern Pu weiter.

Vergleichen wir diese Szene nun mit den Kapiteln »Die Erweckung« und »Das Eselsfest« in *Also sprach Zarathustra*. In ersterem erlebt Zarathustra erstaunt, wie eine Gruppe von Menschen, darunter zwei Könige, ein »Papst außer Dienst« und ein Wahrsager einen Esel anbeten. Der Esel reagiert auf ihre Lobpreisung mit einem lauten I-A nach jedem Absatz. Die Ähnlichkeit zu I-Ah wird dadurch hervorgehoben, daß die Anbetenden seine graue Farbe erwähnen und bemerken: »Eine Distel kitzelt dir das Herz …«

Auch wenn Zarathustra diesen Gottesdienst absurd findet, kann er ihn letztlich doch nicht völlig verurteilen. Er betrachtet ihre fröhliche Anbetung des Esels als einen Schritt auf dem Weg zur spirituellen Genesung. Er fordert sie auf, sich des Eselsfestes zu erinnern, und falls sie es wiederholen, sollen sie es zu seinem Gedächtnis tun.

So liebenswert I-Ah auch ist, können wir uns vorstellen, daß irgendeine der anderen Figuren aus Pus Welt ihn anbeten würde? Wenn dem so wäre, können wir uns vorstellen, daß irgendeiner von ihnen darin einen

Schritt zur spirituellen Gesundung sähe? Nein! Und wir erkennen klar, daß die gewöhnlichen Bewohner des Waldes der bunt gemischten Gruppe überlegen sind, die sich in Teil vier von *Also sprach Zarathustra* tummelt, ganz so wie unser Überbär dem Brummbär überlegen ist.

Vielleicht haben einige Leser den Eindruck, daß ich das tiefgründigste Element dieses Teils übergangen habe: das religiöse. Und da muß ich ihnen zustimmen. Doch eine eingehende Erörterung dieses Elements würde uns in den Bereich der Naturreligion bringen. Auch wenn es sich hierbei um einen anerkannten Zweig der Philosophie handelt, so liegt er doch abseits ihrer Hauptströmung, die allein schon ausreichend Material für unsere knappe Einführung liefert.

Nietzsche wird oft als einer der wichtigsten Vorläufer des Existentialismus betrachtet, mit dem wir uns im nächsten, abschließenden Kapitel beschäftigen wollen.

# 7
# PU UND DER EXISTENTIALISMUS

*Existentialismus: ein Etikett mit vielen Bedeutungen*

Martin Heidegger, Jean-Paul Sartre, Gabriel Marcel und Albert Camus zählen zu den Denkern, die gemeinhin als »Existentialisten« bezeichnet werden, obwohl einige von ihnen sich gegen diese Bezeichnung verwahren. Und tatsächlich vertraten sie in vielen wichtigen Punkten sehr unterschiedliche Meinungen. Doch ihnen ist ein Charakteristikum gemeinsam: Sie alle haben interessante und häufig sehr umfangreiche Anmerkungen zu bestimmten Einzelaspekten von Winnie-dem-Pu vorgelegt.

*Eine Anmerkung zur Zeit*

Zeit ist ein Schlüsselbegriff für viele Existenzphilosophen, besonders für Martin Heidegger, dessen umfangreichstes Werk den Titel *Sein und Zeit* trägt. Es ist daher keineswegs verwunderlich, daß sie in diesem Kapitel ein gewisses Problemfeld darstellt. Wir alle wissen mittlerweile, daß der größte Teil der abendländischen Philosophie auf Winnie-den-Pu hinausläuft, ihren bedeutendsten Vertreter und Kritiker. Wenn wir jedoch die philosophischen Werke behandeln, die nach 1926 (dem Erscheinungsjahr von *Winnie-the-Pooh*, dt. *Pu der Bär*) und 1928 (dem Erscheinungsjahr von *The House at Pooh Corner* dt. *Pu baut ein Haus*) publiziert werden, müssen wir sie als Anmerkungen zum ursinianischen Denken betrachten.

Die Situation wird dadurch verkompliziert, daß mancher der in diesem Kapitel behandelten Philosophen sowohl vor als auch nach 1928 veröffentlichte. Andere brachten innerhalb der Zeitspanne von 1926 bis 1928 Werke heraus. So erschien beispielsweise Heideggers Hauptwerk im Jahre 1927 – genau zwischen den beiden Meisterwerken von Milne: ein Umstand, den wir wohl kaum als puren Zufall betrachten können.

Wo also könnten wir die Trennungslinie ziehen zwischen Werken, die Pu erläutert, und Werken, die Anmerkungen zu Pu sind? Diese Entscheidung muß dem Autor überlassen bleiben.

*Existentialisten als Anmerkungen zu Pu*

Alle, denen die existentialistischen Denker vertraut sind, werden Pus fruchtbaren Einfluß auf sie mühelos erkennen. In den gängigen Definitionen des Existentialismus werden solche Merkmale betont wie die Annahme, daß das Sein und nicht die Erkenntnis die primäre philosophische Frage ist, daß zur konkreten Existenz die Interaktion mit anderem Existierendem, belebt und unbelebt, gehört, daß die Probleme der Existenz eher im Hinblick auf die Erfahrung und weniger im Hinblick auf die Theorie gelöst werden müssen.

Das alles wird in Pus Welt ausführlich veranschaulicht. Gleich zu Anfang kann der des Englischen mächtige Leser bei Rückgriff auf den Originaltext sehen, daß Pu sich in seiner Auseinandersetzung mit den Bienen gleichzeitig mit dem Problem des Seins (*Be(e)ing*) auseinandersetzt. Auch wenn der eine oder andere dazu neigt, diese Lesart nicht ganz ernst zu nehmen, läßt sich doch wohl kaum bezweifeln, daß die virtuose Sprachbeherrschung A. A. Milnes Martin Heidegger zu seinen komplexen sprachlichen Analysen inspirierte, bei denen häufig genug merkwürdige Etymologien eine Rolle spielen. Sollten doch noch heimliche Zweifel bestehen, so werden diese zerstreut werden, wenn wir zu Heideggers eingehenden Überlegungen bezüglich der Puschen Analyse des Denkens gelangen.

Was die existentialistische Betonung des Verbundenseins und Austauschs mit der Welt und die Lösung von Problemen der faktischen Existenz betrifft, so stellt die gesamte Welt Pus eine mannigfaltige und durchgängige Illustration dessen dar. Schon Pu selbst – und er ist gewiß nicht das einzige Beispiel – lebt uns diese Aspekte vor: Er wohnt zwar allein, doch er ist kein einsamer

Denker oder distanzierter Beobachter. Er unterhält ständigen Kontakt zu seinen Freunden im Wald. Er beschäftigt sich mit so unterschiedlichen Dingen wie Honig, der Suche nach I-Ahs Schwanz, dem Aufspüren eines Wuschels und der Rettung Ferkels.

## *Pu und Gabriel Marcel (1889–1973)*

Als Christopher Robin sich auf die Expotition zum Nordpol vorbereitet, erklärt er Pu:

> »Und wir müssen alle Proviant mitbringen.«
> »Was mitbringen?«
> »Sachen zum Essen.«
> »Ach!« sagte Pu froh. »Ich dachte, du hättest ›Proviant‹ gesagt.«

Diese und etliche andere Passagen müssen Gabriel Marcel zu der Äußerung angeregt haben, das dynamische Element seiner Philosophie als Ganzes bestehe in dem hartnäckigen und unermüdlichen Kampf gegen den Geist der Abstraktion.
Wie eindrucksvoll verkörpert doch Pu der Bär den Kampf gegen die Abstraktion, den Marcel auf seine Fahnen geschrieben hat! Man beachte Pus Beharren darauf, daß Christopher Robin den allgemeinen, abstrakten Terminus »Proviant« in das konkrete »Sachen zum Essen« übersetzt. Man beachte zudem, daß Marcel

eine recht abstrakte Sprache verwendet, um seinen Kampf gegen die Abstraktion zu beschreiben, während Pu das, was er predigt, auch praktiziert.

Dieses Beispiel ist kein Einzelfall. Wir alle haben noch gut in Erinnerung, wie häufig und wie lebendig Pu der Bär den Kampf gegen die Abstraktion sinnfällig werden läßt. Er spricht nicht abstrakt von Süße und Licht oder Wahrheit oder dem Absoluten, sondern ganz konkret über Honig und Kondensmilch und Orangenmarmelade. Pu beschränkt seine Vorliebe für konkrete Einzeldinge auch nicht auf unbelebte Objekte. Betrachten wir einmal die folgenden Beispiele seiner praktizierten Wohltätigkeit:

1. Pu teilt Eule mit, daß:

»... I-Ah, der ein Freund von mir ist, seinen Schwanz verloren hat. Und jetzt bläst er Trübsal. Könntest du mir also überaus freundlicherweise sagen, wo ich ihn, den Schwanz, für ihn, I-Ah, finden kann?«

2. Die Leser werden sich an den Zwischenfall am Ende von *Pu baut ein Haus* erinnern, als I-Ah ahnungslos und mit den besten Absichten Ferkels Haus an Eule verschenkt:

Und dann tat Ferkel Etwas Ganz Edles, und es tat dies in einer Art Traum, während es an all die

wunderbaren Worte dachte, die Pu über es gesummt hatte.
»Ja, es ist genau das richtige Haus für Eule«, sagte es großartig. »Und ich hoffe, sie wird darin sehr glücklich sein.« Und dann schluckte es zweimal, denn es war selbst darin sehr glücklich gewesen.

Dann fragt Christopher Robin, wo Ferkel von nun an wohnen wird.

Bevor Ferkel nachdenken konnte, antwortete Pu an seiner Stelle.
»Ferkel würde zu mir ziehen«, sagte Pu, »oder nicht, Ferkel?« Ferkel quetschte Pu die Pfote.
»Danke, Pu«, sagte es. »Sogar sehr gern.«

In diesen beiden Episoden liefert Pu kein Beispiel für eine allgemeine Form der Wohltätigkeit: Er vollbringt ganz konkrete Taten der Güte und Freundlichkeit, die sich auf Individuen beziehen. Und Ferkel entwirft und realisiert zugleich ein Bild seiner selbst, wie durch das zweite der oben angeführten Beispiele deutlich wird, denn wir erfahren, daß Ferkel zu seiner großzügigen Geste durch den Wunsch angeregt wird, dem heroischen Bild zu entsprechen, das Pu in seinem Gesumm von ihm gezeichnet hat.
Ich habe diese beiden Beispiele gewählt, weil sie in den vorangegangenen Kapiteln noch nicht zur Spra-

che gekommen sind; es sind jedoch beileibe nicht die einzigen. I-Ahs Geburtstag, der Bau eines Hauses für I-Ah und die Rettung Ferkels bei der Überschwemmung – all diese Episoden sind Beispiele für konkret praktizierte Freundlichkeit und Güte gegenüber einzelnen Personen. Bei allen erleben wir, wie Pu im Geiste von William Blakes Diktum handelt: »Wer einem anderen Gutes tun will, muß es im kleinen tun.« Und Blake besaß eine große Affinität zur Existenzphilosophie.

## Pu und Heidegger (1889–1976)

Zu Beginn dieses Abschnitts ist wohl die Bemerkung angebracht, daß Martin Heidegger eine ungemein umstrittene Gestalt ist. Einige Fachleute sehen in ihm den größten Philosophen des 20. Jahrhunderts. Andere halten ihn für einen prätentiösen Scharlatan. Wie dem auch sei, er war, wie ich nachweisen werde, ein profunder Schüler des Großen Bären, der auf nahezu jeder Seite des Heideggerschen Werkes seine Spuren hinterlassen hat. Daher soll Heidegger in diesem Kapitel besonders ausführlich behandelt werden.

Schon der vertraute Ausdruck »Pus Welt« signalisiert eine enge Verbindung zu Heidegger. Wer *Sein und Zeit* gelesen hat, wird sich erinnern, in welcher Häufung das Wort »Welt« – allein oder in Zusammensetzungen – dort auftaucht, ganz zu schweigen von dem typisch

Heideggerschen Begriff des »In-der-Welt-Sein«. Keiner meiner Leser wird bezweifeln, daß daran zu ermessen ist, wie gründlich Heidegger sich mit der Welt des Großen Bären auseinandergesetzt und darüber nachgedacht hat. Um so bedauerlicher, daß er sich nicht auch die Klarheit der Sprache und die gedankliche Tiefe seines Vorbilds zu eigen gemacht hat!

Pus Verwendung des Ballons als Instrument, um an den Honig zu kommen, ist offensichtlich der Schlüssel zum Verständnis von Heideggers Betonung des Einsatzes von »Zeug«, also Werkzeugen und Geräten, im Umgang mit der Außenwelt. Selbst Heideggers beliebte »Zuhandenheit«, die unsere Beziehung zum Zeug charakterisiert, geht augenscheinlich auf Pus Formulierung »im Hause« zurück, als er zu Christopher Robin sagt: »Ich frage mich, ob du wohl so etwas wie einen Ballon im Hause hast?«

## Pu, Heidegger und das Denken

In einer späteren Phase seiner Interaktion mit den Bienen sagt Pu: »Ich habe gerade nachgedacht, und ich bin zu einem sehr wichtigen Entschluß gekommen. *Dies ist die falsche Sorte Bienen.*«

Die vom Autor vorgenommene Hervorhebung durch Kursivierung signalisiert uns, daß dem Satz besondere Bedeutung zukommt. Da die drei Aussagen in dieser ursinianischen Äußerung einen gewichtigen Teil von

Heideggers Werk durchdringen, werden wir sie nacheinander analysieren.

1. »Ich habe gerade nachgedacht.« Dieser Satz verweist auf ein Spätwerk Heideggers mit dem Titel *Was heißt Denken?* Erinnern wir uns, daß Pu diese Äußerung macht, nachdem er gerade von einer Biene gestochen wurde. Damit haben wir eine klare Antwort auf die, wie Heidegger meinte, entscheidende Frage: »Was ist es, was uns in das Denken anweist, was uns zu denken heißt?« In Pus Fall lautet die Antwort schlicht und einfach: von einer Biene gestochen werden.

Zweifellos erkannte Heidegger durch diese Episode, daß Pu die Frage des Seins (*Be(e)ing!*) zum Denken veranlaßt. Wir könnten sagen, was hat ihn zum Denken ange*stachelt*? Ein falscher Seinsbegriff. Er wurde dazu angestachelt, seine Falschheit zu begreifen, so wie Pu – im wahrsten Sinne des Wortes und zugleich auch symbolisch – zu derselben Erkenntnis angestachelt wurde. Können wir da noch daran zweifeln, daß Heidegger sich diesen doppelsinnigen Verweis aneignete und ihn zur Grundlage eines wichtigen Bereichs seines Denkens machte?

2. »Ich bin zu einem sehr wichtigen Entschluß gekommen.« In Pus »Entschluß« klingt die Heideggersche »Entschlossenheit« an. Diese Interpretation wird zusätzlich untermauert, wenn wir uns in Erinnerung rufen, daß Pu diesen Satz ausspricht, während er noch immer an seinem Ballon in der Luft schwebt, aber kurz

vor seiner Rückkehr zur Erde. Heidegger trägt dem Rechnung, indem er sagt: »Die Entschlossenheit löst als *eigentliches Selbstsein* das Dasein nicht von seiner Welt ab, isoliert es nicht auf ein freischwebendes Ich.« Die Verbindung aus Entschluß und praktizierter Ablehnung eines »freischwebenden Ichs« sollte den letzten Zweifel daran ausräumen, daß Heidegger sich auf eben diese Textstelle bezog.

3. »*Dies ist die falsche Sorte Bienen.*« Danach zieht Pu den Schluß, daß die falsche Sorte Bienen die falsche Sorte Honig produziert. Wir erkennen, daß Heidegger das ganze gewaltige Denkgebäude von *Sein und Zeit* auf der Erkenntnis errichtete, die er aufgrund von Pus Ablehnung der falschen Sorte Bienen gewann: daß nämlich ein falscher Begriff von Sein eine falsche Philosophie nach sich ziehen würde und nicht den echten Honig der Wahrheit und Weisheit.

## *Pu, Heidegger und die Sprache*

Pu teilt uns mit: »... ein Gedicht und ein Gesumm sind keine Sachen, die man so einfach packen kann, nein, man wird von ihnen gepackt.« Heidegger hat das in seinem Diktum verallgemeinert, nach dem die Sprache spricht.

Betrachten wir nun ein komplexeres Beispiel:

Zum Frühstück ... war ihm plötzlich ein neues Lied eingefallen. Es fing so an:
*»Singt Ho! der Bär soll leben.«*
Als er soweit gekommen war, kratzte er sich am Kopf und dachte bei sich: Das ist ein sehr guter Anfang für ein Lied, aber was ist mit der zweiten Zeile? Er versuchte, zwei- bis dreimal »Ho« zu singen, aber das schien auch nicht zu helfen. Vielleicht wäre es besser, dachte er, wenn ich »Singt Hei! der Bär soll leben« sänge. Also sang er es ... Aber es war nicht besser.

Heideggers Kommentar in *Das Wesen der Sprache* lautet dazu folgendermaßen:

> Wo es nun aber gilt, etwas zur Sprache zu bringen, was bislang noch nie gesprochen wurde, liegt alles daran, ob die Sprache das geeignete Wort schenkt oder versagt. Einer dieser Fälle ist der Fall des Dichters.

»Ho!« durch »Hei« zu ersetzen erweist sich als unbefriedigend.

> »Na gut«, sagte er [Pu], »ich werde diese erste Zeile zweimal singen, und vielleicht, wenn ich sie sehr schnell singe, werde ich bemerken, daß ich die dritte und die vierte Zeile singe, ohne vorher Zeit zu haben, über sie nachzudenken, und das ist dann ein gutes Lied.«

So wie obige Zeilen an das vorangegangene Zitat von Pu anschließen, so lautet das vorangegangene Heidegger-Zitat weiter: »So kann denn ein Dichter sogar dahin gelangen, daß er die Erfahrung, die er mit der Sprache macht, eigens, und d. h. dichterisch, zur Sprache bringen muß.« Noch eindrucksvoller heißt es bei Heidegger an späterer Stelle: »Das Lied wird gesungen, nicht nachträglich, sondern: Im Singen fängt das Lied an, Lied zu sein.«

Darin ist eindeutig eine Anspielung auf den Augenblick zu sehen, in dem Pu triumphiert und ihm ein gutes Lied gelingt. Entsprechend zitiert Heidegger Stefan Georges Gedicht »Das Wort«. Natürlich fällt Pus Überlegenheit ins Auge: Er erschafft sein eigenes lyrisches Beispiel, während Heidegger gezwungen ist, auf die Lyrik eines anderen zurückzugreifen.

Da Heideggers Essay im Jahre 1959 veröffentlicht wurde, müssen wir ihm unsere vorbehaltlose Anerkennung dafür aussprechen, daß er eine der eindrucksvollsten Anmerkungen zu Winnie-dem-Pu vorgelegt hat.

*Pu, Heidegger und die Expotition zum Nordpol*

Die Expotition zum Nordpol erweist sich in besonders vielen Elementen als einflußreich auf Heidegger. Wir haben bereits die Bedeutung von Pus »gutem Lied« erkannt, das am Anfang dieses Kapitels steht. Die eigentliche Expotition beginnt »oben im Wald«, und von dort wird dann die Gegend erkundet. Wir wissen bereits, daß der Nordpol unter anderem die philosophische Wahrheit symbolisiert, und erkennen daher leicht, daß Heidegger diese Expotition im Sinne hatte, als er schrieb: »Das Denken hält sich in der Gegend auf, indem es die Wege der Gegend begeht.«

Während Pu und seine Freunde also die Wege der Gegend begehen, gelangen sie zu einer gefährlichen Stelle. Es wäre allzu leicht, dies als Warnung vor den Gefahren zu verstehen, die auf den unvorsichtigen Denker lauern. Zweifellos ist diese Bedeutung vorhanden, doch dank unseres inzwischen umfangreichen Wissens können wir eine noch tiefere Dimension vermuten. Wie stets bei Winnie-dem-Pu müssen wir nicht lange suchen, denn die Nordpolforscher kommen

> ... an eine Stelle, auf der die Uferstreifen zu beiden Seiten breiter wurden, und etwas Gras gab es dort auch, so daß sie sich setzen und ausruhen konnten.

Eine eindeutige Parallele zu Heideggers Offenheit als eine Gegend, die eine ausladende Ruhe ermöglicht.
»Alles gut und schön«, mögen eilige Leser sagen, »aber was hat das mit der gefährlichen Stelle zu tun?« Auch das wird sich klären, wir bitten um ein wenig Geduld. Christopher Robin erklärt, warum die Stelle gefährlich ist:

»Das ist genau der Ort ... für einen Hinterhalt.«
»Was für ein Wald?« flüsterte Pu Ferkel zu. »Ein Ginsterwald?«

Eule erläutert, daß ein Hinterhalt eine Art Überraschung ist.

»Das ist ein Stechginsterwald auch manchmal«, sagte Pu.

»Pu ... sagte, ein Stechginsterbusch habe sich eines Tages ganz plötzlich auf ihn gestürzt, als er von einem Baum gefallen sei, und er habe sechs Tage gebraucht, bis er alle Stacheln aus sich herausgezogen hatte.« In Anspielung darauf heißt es bei Heidegger, daß wir die Gegend selbst als das nehmen, was sich uns nähert. Wie grandios doch der Stechginsterbusch, der sich auf Pu stürzt, die recht seltsame Vorstellung von einer sich nähernden Gegend veranschaulicht!

Wir überspringen etliche weitere Verweise und kommen zum Höhepunkt dieses Kapitels: der Entdeckung des Nordpols.

> Pu betrachtete den Pfahl in seinen Händen.
> »Ich habe ihn gerade gefunden«, sagte er. »Ich dachte, er könnte vielleicht nützlich sein. Ich habe ihn einfach aufgehoben.« [Weitere Verweise auf »Zuhandenheit« und »Zeug«.]
> »Pu«, sagte Christopher Robin feierlich, »die Expedition ist vorbei. Du hast den Nordpol gefunden!«

Zweifelsohne erleben wir hier den Augenblick von Christopher Robins größtem Triumph. Pu hat den Pfahl zwar gefunden, aber er, Christopher Robin, weist ihm den Namen Nordpol zu. Unwillkürlich müssen wir an Heideggers Erkenntnis denken, daß Finden letztlich darin besteht, etwas seinen Namen zuzuweisen.

Der eine oder andere Leser mag angesichts dieser Episode verwirrt sein. Können wir glauben, so fragt er sich vielleicht, daß der wahre Finder dieser gutmütige, aber ein wenig begriffsstutzige Junge ist? Sollte er, wenn auch nur dieses eine Mal, dem Großen Bären voraus sein? Diesen extrem unwahrscheinlichen Fall einmal unterstellt, wieso geht Pu dann nach Hause und ist sehr stolz auf das, was er getan hat?

Die scharfsinnigeren unter unseren Lesern werden die

wahre Bedeutung dieser Episode längst erfaßt haben. Winnie-der-Pu bringt Christopher Robin auf die richtige Antwort, indem er ihm den Pfahl zeigt. Er hofft, daß Christopher Robin im Kontext der Expotition erkennen wird, daß es sich um den Nordpol handelt. Und ebendieser Erfolg als Lehrer eines nicht eben vielversprechenden Schülers macht ihn – zu Recht – sehr stolz. Im übrigen hat die Erkenntnis, daß im materiellen Pfahl die philosophische Wahrheit des Pols aufscheint, Heidegger zu seiner Unterscheidung von Seiendem und Sein inspiriert.

Leider wird Christopher Robin das Versprechen dieses Augenblicks nicht einlösen. Ganz am Ende des Buches müssen wir miterleben, wie er eine zusammenhanglose Sammlung von ungeordneten Fakten herunterrasselt, um seine Bildung unter Beweis zu stellen; anschließend verläßt er den Wald. Heidegger hat gern Wege als Metaphern verwendet. In diesem Sinne bedeutet das Verlassen des Waldes, daß Christopher Robin einen der Wege einschlägt, die ihn völlig von der Philosophie entfremden werden. Vielleicht ist das nur gut so, denn er bewies ohnehin keine Begabung für sie.

*Pu und der Ruf der zwölf Honigtöpfe*

Als Kaninchens wie immer erfolgloser Versuch, Tieger gestüm zu machen, damit endet, daß die Gestümer sich verirren, sagt Pu:

»So, Ferkel, dann wollen wir mal nach Hause gehen.«

»Aber Pu«, schrie Ferkel ganz aufgeregt, »weißt du denn den Weg?«

»Nein«, sagte Pu. »Aber in meinem Schrank stehen zwölf Töpfe Honig, und die rufen mich schon seit Stunden. Ich konnte sie vorher nicht richtig hören, weil Kaninchen immer geredet hat, aber wenn niemand sonst etwas sagt, nur die zwölf Töpfe, dann *glaube* ich, Ferkel, werde ich wissen, woher die Rufe kommen. Komm mit.«

Hier führt Pu uns mit großer Eindringlichkeit vor Augen, was es heißt, den »Anruf des Seins« zu hören – in diesem Fall des Seins der Honigtöpfe. Als Wissenschaftler wissen wir nur allzu gut, daß Anmerkungen mitunter den Text, den sie zu erläutern vorgeben, eher verdunkeln als erhellen, und wir müssen zugeben, daß Heideggers Fußnoten zu dieser *Pu*-Stelle ein schmerzliches Beispiel dafür liefern. Von der Offenheit dem Sein gegenüber als von etwas zu sprechen, das »umsichtiges Besorgen« impliziert und den Charakter hat, in einer Weise »angegangen« zu sein, ist eine ungemein schwerfällige Art, uns mitzuteilen, was Milne bereits wesentlich deutlicher gesagt hat: Pu sah sich um (war also »umsichtig« im Heideggerschen Sinn), war besorgt, sowohl um den Honig als auch um den Nachhauseweg, und war von beidem angegangen.

Dennoch kann kein Zweifel daran bestehen, daß Heidegger auch hier versuchte, Pu zu kommentieren, besonders wenn wir uns erinnern, daß er auch vom »verstehenden Hören« sprach; eine Art von Hören, die Pu uns hier so besonders anschaulich vor Augen führt. Ein weiterer Beleg dafür ist Pus Eröffnung, daß er die Honigtöpfe zuvor nicht habe hören können, weil Kaninchen unablässig geredet habe. Heidegger hat sich kurz über die hinderliche Macht des Geredes ausgelassen, als er schrieb: »Das Gerede ist sonach von Hause aus ... ein Verschließen.«

Kaninchens endlose, oberflächlich methodische Denkversuche veranlaßten Heidegger zu der Bemerkung: »Das rechnende Denken hält nie still, kommt nicht zur Besinnung. Das rechnende Denken ist kein besinnliches Denken, kein Denken, das dem Sinn nachdenkt, der in allem waltet, was ist.« Heidegger ist oft schwer verständlich, doch zu dieser Charakterisierung Kaninchens können wir ihn nur beglückwünschen, denn sie trifft den Nagel auf den Kopf.

### *Heidegger und der Schluß von* Pu

Wohl alle Ursinianer sind einhellig der Meinung, daß das Ende von *Pu baut ein Haus* nur deshalb zu ertragen ist, weil sie aufgrund wiederholter Erfahrung wissen, daß man die Bücher immer und immer wieder lesen kann. Das letzte Kapitel trägt den Untertitel »In welchem Christopher Robin und Pu an einen verzauberten Ort kommen. Und dort verlassen wir sie«. Die letzten Worte lauten: »Und sie gingen zusammen fort. Aber wohin sie auch gehen und was ihnen auf dem Weg dorthin auch passieren mag: An jenem verzauberten Ort ganz in der Mitte des Waldes wird ein kleiner Junge sein, und sein Bär wird bei ihm sein, und die beiden werden spielen.« Wer könnte diese Stelle lesen, ohne zu erkennen, daß es sich hierbei ganz offensichtlich um den Text handelt, den Martin Heidegger kommentierte, als er von einer Gegend sprach, »... durch deren Zauber alles, was ihr gehört, zu dem zurückkehrt, worin es ruht«.

Heidegger gilt gemeinhin als der größte Philosoph unter den Denkern, die man mit dem existentialistischen Etikett versehen hat, ein Etikett, gegen das er selbst sich gewehrt hat. Trotzdem war er bei den Leuten, für die das Wort »Existentialismus« in den fünfziger und sechziger Jahren zum Kultwort wurde, relativ wenig bekannt, und er wurde noch weniger gelesen. Die meisten von ihnen verstanden unter Existentialismus nichts anderes, als schwarze Jeans und schwarze Rollkragenpullover zu tragen, über die eigene »Angst« zu sprechen (ein allgemeines Gefühl des Grauens, das keinen spezifischen Gegenstand hat) und authentisch zu leben. Wenn ein Existentialist dieser Kategorie gebeten worden wäre, einen wahrhaft existentialistischen Philosophen zu nennen, hätte er wahrscheinlich Jean-Paul Sartre gewählt, dem wir uns nun zuwenden wollen.

## Jean-Paul Sartre (1905–1980)

Sartres Ruhm beruht teils auf seiner politischen Betätigung und teils auf seinem Erfolg als Romancier und Dramatiker. Tatsächlich war er ein wesentlich besserer Romancier und Dramatiker denn Philosoph. So sind die eindrucksvollsten Passagen in seinem philosophischen Hauptwerk *Das Sein und das Nichts* äußerst dramatische Darstellungen spezifischer Ereignisse, die durchaus in einem seiner Romane oder Stücke hätten vorkommen können.

### *Pu*, Das Sein und das Nichts

*Das Sein und das Nichts* ist der Titel von Sartres philosophischem Hauptwerk. Da es 1943 erstmals erschien (682 Seiten im französischen Original, 786 Seiten in der deutschen Übersetzung), müssen wir es als die längste zusammenhängende Anmerkung zu Winnie-dem-Pu betrachten, die je verfaßt wurde.

Kann es Zweifel daran geben, daß Sartre seinen Kerngedanken des Nichts aus Kapitel drei von *Pu baut ein Haus* ableitete? Die Textstelle, in der es heißt: »... Pu war so damit beschäftigt, nicht darauf zu achten, wohin er ging, daß er auf ein Stück Wald trat, das aus Versehen ausgelassen worden war ...«, hat Sartre offensichtlich zu der Feststellung veranlaßt, daß die Leere immer die Leere *von* etwas sei: Pu erfährt diese Leere, indem er in

die Grube fällt, die durch die Leere an der Stelle entstanden ist, wo eigentlich ein Stück Wald hätte sein sollen. Pus Urteil, daß er gefallen ist, geschieht zeitlich nach und kausal als Folge der Abwesenheit von einem Stück Wald. Er konkretisiert somit Sartres abstraktere Aussage: »... das negative Urteil [es war kein Stück Wald da] ist bedingt und getragen vom Nicht-Sein.«
Als Christopher Robin Ferkel fragt, wie das Heffalump ausgesehen habe, erwidert Ferkel: »Wie ein wahnsinnsriesengroßes Garnichts.« Als I-Ah Christopher Robin mitteilt, daß sein Haus verschwunden ist, ziehen die beiden zusammen los und kommen bald an eine Stelle, »... wo I-Ahs Haus nicht mehr war«.
Nach diesen knappen und eher beiläufigen Verweisen auf das Problem des Nichts setzt Pu der Bär sich schließlich direkt damit auseinander.
Auf der ersten Seite von *Pu baut ein Haus* geht Pu zu Ferkels Haus, »... um zu sehen, was Ferkel tat«. Als er dort eintrifft, stellt er fest, daß er das nicht in Erfahrung bringen kann, denn »... je mehr er in die Wohnung spähte, desto mehr war Ferkel nicht zu Hause«.
Alle, die auch nur die ersten paar Seiten von *Das Sein und das Nichts* gelesen haben, werden sich an Sartres Anekdote erinnern, daß er in ein Café geht, wo er mit Peter verabredet ist, und feststellen muß, daß Peter nicht da ist. Er formuliert: »Der abwesende Peter *sucht* das Café heim ...« Keine schlechte Entsprechung zu Milnes »je mehr er in die Wohnung spähte, desto

mehr war Ferkel nicht zu Hause«, obwohl die lebendige Anschaulichkeit des großen Originals verlorengegangen ist.

Das ist natürlich bezeichnend für wissenschaftliche Anmerkungen. Ebenso bezeichnend ist die Länge von Sartes Anmerkung: Sie nimmt nahezu zwei Seiten in Anspruch, während Milne mit einem kurzen Absatz auskommt.

Eine Passage gegen Ende von *Pu baut ein Haus* scheint einen besonders starken Einfluß auf Sartre gehabt zu haben.

> [Christopher Robin sagt] »... was ich am liebsten tue, ist *gar nichts*.«
> »Wie tut man gar nichts?« fragte Pu, nachdem er lange gegrübelt hatte.
> »Das ist, wenn man es gerade tun will, und die Leute wollen von einem wissen: ›Und was willst du *jetzt* tun, Christopher Robin?‹ Und dann sagt man: ›Och, gar nichts‹, und dann tut man's einfach.«
> »Aha, verstehe«, sagte Pu.
> »Dies ist auch so eine Art Garnichts, was wir jetzt tun.«
> »Aha, verstehe«, sagte Pu wieder.
> »Es bedeutet, daß man einfach so vor sich hin geht, sich alle Sachen anhört, die man nicht hören kann, und sich nicht weiter darum kümmert.«

Ohne oberlehrerhaft sein zu wollen – so gern ich das auch bin –, muß ich an dieser Stelle anmerken, daß es ein Zeichen für Sartres Mittelmäßigkeit als Philosoph ist, wenn sein Denken von dieser Passage so stark beeinflußt wurde. Sich über mehr als sechshundert Seiten hinweg mit einem Thema zu befassen, das der Große Bär mit einem einzigen Sprung bewältigte und das sogar Christopher Robin mit einigen wenigen Sätzen erschöpfend behandeln konnte, das ist ein schon fast schmerzhafter Beweis für Zweitrangigkeit. Vielleicht wäre es besser gewesen, wenn Sartre sich Christopher Robins letzte Worte etwas mehr zu Herzen genommen und sich nicht weiter darum gekümmert hätte.

Dennoch, Sartres Fähigkeit als Dramatiker ist unbestritten. Sein *Huis clos* beispielsweise spielt in einer sehr überzeugenden modernen Hölle. Die üblichen körperlichen Höllenqualen sind hier nicht erforderlich, denn die drei Hauptfiguren sind dazu verdammt, einander in alle Ewigkeit emotional und psychisch zu foltern.

Wie können wir diese entsetzliche Vision mit Pus sonniger Welt in Zusammenhang bringen? Was haben die drei gegenseitigen Folterer aus *Huis clos* mit der freundlichen, kameradschaftlichen Welt Pus gemeinsam? Was verbindet den klaustrophobischen Jugendstilraum, in dem das verdammte Trio gefangen ist, mit dem weitläufigen Wald, den Pu und seine Freunde nach Lust und Laune durchstreifen?

Eine mögliche Antwort auf diese Frage ist vielleicht darin zu sehen, daß das Nichts in Sartres Vorstellung zwischen Subjekt und Objekt tritt und sie voneinander trennt. Dieser Interpretation zufolge würde das Nichts Sartre als Subjekt von Pus Welt, dem Objekt, trennen. Dergestalt getrennt mußte Sartre zwangsläufig den Text im Lichte seiner eigenen Fixierung auf »Angst« und »Ekel« betrachten.

So verführerisch diese Erklärung auch ist, manche Leser könnten sie ein wenig weit hergeholt finden. Und auch ich neige zu dieser Auffassung. Da mir nichts ferner liegt, als eine Erklärung vorzulegen, die sich nicht offensichtlich und zwangsläufig aus dem Text ergibt, muß ich also weitersuchen.

In diesem Fall bin ich nicht abgeneigt, *Huis clos* nicht so sehr als eine Anmerkung im üblichen Sinne zu verstehen, sondern vielmehr als eine eigenständige schöpferische Arbeit, die jedoch keinesfalls ohne die Inspiration durch Winnie-den-Pu zu denken ist. Auf diese Weise können wir Sartres dramatisches Genie anerkennen und zugleich einen neuen Aspekt des großartigen Textes wahrnehmen, mit dem wir uns hier beschäftigen: seine Kraft, andere Autoren zu bedeutenden Werken zu inspirieren. Wieder einmal können wir den enormen Gehalt der *Pu*-Bücher nur noch staunend bewundern. Von wie vielen Werken läßt sich schon behaupten, daß sie in einem einzigen kurzen Absatz die Inspirationsquelle für ein bedeutendes Drama in sich bergen?

Die soeben entwickelte Beziehung zwischen Pu und Sartre ist besonders angemessen, da beide Philosophie und Literatur miteinander verbanden: Pu als Lyriker; Sartre als Romancier und Dramatiker.

## Pu, »Angst«, Unwahrhaftigkeit und Authentizität

Es scheint mir ratsam, nun eine Frage anzuschneiden, die sich im Verlauf dieses Kapitels in den Köpfen einiger meiner Leser festgesetzt haben mag. Die Frage nämlich, wie Pu mit »Angst« und »Ekel« umgeht. »Angst« ist ein Begriff, der in vielen existentialistischen Schriften von Bedeutung ist; »Ekel« ist besonders für Sartre charakteristisch. Er hat sogar einen seiner Romane so benannt. Alle Existentialisten betonen, daß die menschliche Existenz eine Anstrengung bedeutet und daß wir uns dieser Anstrengung stellen müssen. Nur indem wir uns ihr stellen und angesichts der Anstrengung freie Entscheidungen treffen, leben wir authentisch. Sie zu vermeiden oder zu ignorieren heißt im Zustand der Unwahrhaftigkeit zu verharren. Dasselbe gilt, wenn wir die Verantwortung für unsere Entscheidungen leugnen. Nach diesen kurzen Ausführungen über den Existentialismus stellt sich die Frage, in welchem Verhältnis er zu Pus Welt steht.

Auch darauf sind etliche Antworten möglich. 1. Wir könnten diesen Aspekt des Existentialismus als feindselige Kritik an Pus Welt betrachten. Vielleicht wollen die Existentialisten uns sagen, daß diese Welt eine Welt der Unwahrhaftigkeit, des feigen Vermeidens ist. 2. Wir können unsere Interpretation von *Huis clos* auf andere existentialistische Texte anwenden, so daß wir sie als von Milne inspiriert und nicht als Anmerkungen oder Kommentare zu ihm betrachten. 3. Wir können sie als Weiterentwicklungen von Themen betrachten, die bei Milne nur kurz behandelt wurden. Wie so oft stellt sich heraus, daß ein »Sowohl-als-Auch« fruchtbarer ist als ein »Entweder-Oder«. Anders ausgedrückt, es wird sich erweisen, daß alle drei Antworten teilweise zutreffen, und wir werden letztlich eine Synthese aus ihnen erarbeiten. Nehmen wir sie uns also der Reihe nach vor und überlegen wir, wie sie sich kombinieren lassen.

1. »*Eigentlich* ist Tieger nämlich in Ordnung«, sagte Ferkel träge.
   »Natürlich ist er das«, sagte Christopher Robin.
   »*Eigentlich* ist das jeder«, sagte Pu. »Finde *ich* jedenfalls«, sagte Pu. »Aber ich glaube nicht, daß ich recht habe«, sagte er.
   »Natürlich hast du recht«, sagte Christopher Robin.

Es dürfte schwer werden, einen entschiedeneren Widerspruch gegen Sartres berühmten Satz aus *Huis clos*, »Die Hölle, das sind die anderen«, zu finden. Gewiß beinhaltet diese kurze Passage alles, was der Autor von *Huis clos* und *Der Ekel* als Wunschdenken und Vermeidung der rauhen Realität in Pus Welt einschätzen würde.

In Kapitel sechs von *Pu baut ein Haus* fragt Kaninchen I-Ah, der gerade aus dem Fluß aufgetaucht ist:

»Wie bist du denn hineingefallen, I-Ah?« ...
»Ich bin nicht hineingefallen«, sagte I-Ah.
»Aber wie ...«
»Ich wurde sehr *ungestüm* gestoßen.«

Kaninchen mutmaßt, daß Tieger der ungestüme Stoßer war – verständlich, denn Tieger ist von Natur aus ungestüm. Zunächst leugnet Tieger, I-Ah gestoßen zu haben. Dann gesteht er nach und nach: »Ich mußte husten, und ich war zufällig gerade hinter I-Ah, und da habe ich ›Grrr – oppp – ptschschschz‹ gesagt.« Dann, böse: »Ich war nicht ungestüm, ich habe gehustet.« Und schließlich gibt er zu: »Na ja, ich war irgendwie ungehustet.«

Damit haben wir eindeutige Beispiele für zwei Formen mangelnder Authentizität der besonderen sartreschen Art: Leugnen der Realität und Leugnen der persönlichen Verantwortung. Diese Beispiele haben uns einzelne Charaktere in speziellen Situationen vermittelt; doch wie steht es hiermit:

Und eigentlich verabschieden wir uns gar nicht, denn den Wald wird es immer geben... Und jeder, der mit Bären befreundet ist, kann ihn finden.
An jenem verzauberten Ort ganz in der Mitte des Waldes wird ein kleiner Junge sein, und sein Bär wird bei ihm sein, und die beiden werden spielen.

Diese beiden Stellen sind direkte Äußerungen des Autors, hier hören wir seine eigene Stimme. Ihre Plazierung, am Anfang und am Schluß von *Pu baut ein Haus*, verleiht ihnen ganz besonderes Gewicht.
Bislang scheint die *Pu*-Welt genug Anlaß für negative Kritik seitens der Existentialisten zu liefern. Doch warten wir mit einem abschließenden Urteil, und untersuchen wir zunächst die anderen möglichen Interpretationen.
2. Die Vermutung, daß *Pu der Bär* und *Pu baut ein Haus* den Existentialisten mehr als Inspirationsquellen und weniger als Texte dienten, die sie kommentierten und erläuterten, hat offensichtlich einiges für sich; sie überzeugend zu untermauern ist jedoch aufgrund ihres eher allgemeinen denn speziellen Charakters in einer so kurzen und grundlegenden Einführung wie dieser äußerst schwierig. Wir müssen uns daher mit einigen Verweisen begnügen, denen interessierte Leser selbst nachgehen können.

Bislang hat Ruh in unserer Untersuchung noch keine Rolle gespielt, doch nun ist seine Stunde gekommen. Eines der Dinge, die wir in Zusammenhang mit Ruh am besten in Erinnerung haben, ist seine Stärkungsmedizin. »Es kann sie nicht leiden«, verrät uns Ferkel. Und worum handelt es sich dabei: um Malzextrakt. Und welches Adjektiv drängt sich uns auf, wenn wir Malzextrakt beschreiben wollen? »Klebrig.« Der Verweis auf die klebrige Substanz, die bei Ruh Ekel auslöst, bildet zweifellos die Quelle für Sartres *Ekel*. Die gründliche Lektüre dieses hervorragenden Romans wird jeden Leser nicht nur überzeugen, sondern auch bereichern.
Winnie-der-Pu kam »angestapft« und bemerkte, daß I-Ahs Schwanz fehlte. Nach einem kurzen Gespräch über dieses Thema reagiert Pu folgendermaßen:

> Pu fand, daß er etwas Hilfreiches sagen sollte, aber er wußte nicht recht, was. Also beschloß er, statt dessen etwas Hilfreiches zu tun.
> »I-Ah«, sagte er feierlich, »ich, Winnie-der-Pu, werde deinen Schwanz für dich finden.«

Betrachten wir diese Szene etwas genauer. Pu kommt durch den Wald »angestapft«. Milnes geradezu flaubertsche Präzision bei der Auswahl des *mot juste* macht deutlich, daß der Bär nicht schlendert oder spaziert, sondern mit fester Absicht voranschreitet, eine Fortbewegungsart, die eine vorausgegangene Entscheidung signalisiert. Als er jedoch von I-Ahs Kummer erfährt, trifft er rasch und entschlossen eine neue Entscheidung. Zunächst erwägt er hilfreiche Worte, doch dann erkennt er blitzartig, daß Worte der Situation nicht gerecht werden können; denn welche Worte könnten I-Ah seinen Schwanz wieder beschaffen? Sogleich entschließt er sich zu handeln; und er handelt.

Daran muß Sartre gedacht haben, als er seinen Vortrag mit dem Titel »Ist der Existentialismus ein Humanismus?« hielt. Wie wir wissen, erzählt er darin die Geschichte, daß während des Zweiten Weltkriegs ein junger Mann zu ihm kam und ihn um Rat bei der Lösung seines Problems bat: Sollte er in Frankreich bleiben und seiner einsamen Mutter zur Seite stehen, oder sollte er nach England gehen, um sich dort den Freien Französischen Streitkräften unter General de Gaulle anzuschließen? Die Parallele ist zwar unmißverständlich, aber es kann nicht schaden, noch einige Details nachzuliefern.

Pus entschlossene und zielgerichtete Annäherung signalisiert eindeutig, daß er sich auf eine recht lange Reise begeben wollte: anders ausgedrückt, eine Reise, die in etwa der Reise des jungen Franzosen nach England entspricht. In dieser Phase befindet Pu sich nicht in einem Dilemma, denn ihm bietet sich nichts anderes als moralische Verpflichtung dar. Das ist erst in dem Moment der Fall, als er von I-Ahs schmerzlichem Verlust erfährt. Anders als Sartres junger Schüler sucht Pu nicht um Rat nach, wie er sich verhalten soll, sondern er trifft seine existentialistische Wahl in gänzlicher und verantwortlicher Freiheit. Somit erlangt er die Authentizität, die Sartre fördern wollte, indem er den jungen Mann davon überzeugte, daß er selbst entscheiden müsse.

3. Wir kommen jetzt zur dritten Lösung, bei der einige existentialistische Schriften als Weiterentwicklungen von Themen betrachtet werden, die in den *Pu*-Büchern nur skizziert sind. Um diese Lösung zu untersuchen, müssen wir uns erneut den Textpassagen zuwenden, die wir bereits bei der Behandlung der ersten möglichen Antwort erörtert haben, die nun jedoch noch eingehender analysiert werden sollen.

Unser erstes Beispiel war die Diskussion über Tieger, die, in der Reihenfolge ihrer Beiträge, Ferkel, Pu der Bär und Christopher Robin miteinander führten. Bei unserer ersten Interpretation haben wir uns damit begnügt, die Bedeutung zu akzeptieren, die sich förmlich aufdrängt. Jetzt gliedern wir das kurze Gespräch in die folgenden Behauptungen auf:

1. Es trifft zu, daß Tieger eigentlich in Ordnung ist. (Ferkel)
2. Es trifft zu, daß Tieger natürlich in Ordnung ist. (Christopher Robin)
3. Es trifft zu, daß jeder in Ordnung ist. (Pu)
4. Es trifft zu, daß Pu findet, daß jeder in Ordnung ist. (Pu)

5. Es trifft zu, daß Pu nicht glaubt, daß es zutrifft, daß er recht hat, wenn er findet, daß es zutrifft, daß jeder in Ordnung ist. (Pu)
6. Es trifft zu, daß Pu recht hat. (Christopher Robin)

Die Behauptungen 1, 2 und 6 sind alles in allem recht unkompliziert. Einige ursinianische Wissenschaftler haben in 6 eine gewisse Vieldeutigkeit entdeckt und darauf hingewiesen, daß Christopher Robins Aussage entweder bedeuten kann, (a) daß Pu recht hat, wenn er findet, daß eigentlich jeder in Ordnung ist, oder (b) daß Pu recht hat, wenn er glaubt, daß er nicht recht hat. Ich muß sagen, daß ich die Deutung (b) intuitiv nicht überzeugend finde. Sie setzt bei Christopher Robin eine Differenziertheit voraus, die weit außerhalb seiner Möglichkeiten liegt.

Einigen wir uns also darauf, daß wir die Aussage von Ferkel ebenso wie beide Aussagen von Christopher Robin für bare Münze nehmen können, obgleich wir uns später Gedanken darüber machen müssen, was genau das heißt. Die eigentliche Schwierigkeit liegt jedoch in den drei zutiefst problematischen Aussagen des Großen Bären selbst (entsprechend den Nummern 3, 4 und 5 in unserer Liste mit Behauptungen).

Drei und vier sind beides eindeutige Aussagen. Die fünfte ist ihrem Wortlaut nach wesentlich unbestimmter. Die entscheidende Frage ist nun, wie Pus letzte Aussage in bezug auf seine erste und zweite interpretiert werden muß. Ich vertraue darauf, daß es mittlerweile überflüssig ist, meine Leser davor zu warnen, diese Aussage als Ausdruck des berechtigterweise demütigen Selbstzweifels eines Bären von sehr wenig Verstand zu nehmen. Die Absurdität einer solchen Betrachtungsweise wurde hinlänglich und wiederholt bewiesen. Doch für welche Interpretation sollen wir uns statt dessen entscheiden?

Wenn wir für einen Moment in das Gebiet der Psychologie abschweifen, fällt uns ein, daß ein philosophisch orientierter Psychologe, Professor Michael Billig, die Auffassung vertritt, daß Denken eine Art von Streitgespräch mit sich selbst ist. Und genau das tut Pu in unserem Beispiel. Philosophischer formuliert würde man sagen: Er denkt dialektisch. Sollte nun jemand den Einwand erheben, daß derlei eher hegelianisch als existentialistisch ist, so halten wir ihm entgegen, daß Sartre stark von Hegel beeinflußt war, und zwar sowohl von dessen ursprünglicher Philosophie als auch von der marxistischen Variante. Wir können also beruhigt feststellen, daß Sartres *Huis clos* mit seinem eindringlich veranschaulichten Satz »Die Hölle, das sind die anderen«, von unserem Blickwinkel aus betrachtet, lediglich die dramatische Gestaltung des negativen Pols in Pus Denken bei dieser Gelegenheit darstellt.

Diese Folgerung wird durch den krassen Gegensatz zwischen der Tiefe und Komplexität von Pus Äußerungen und den wie immer simplen und oberflächlichen Äußerungen von Ferkel und Christopher Robin eindeutig bekräftigt. Diesen beiden könnte man in der Tat eine allzu rosige Weltsicht vorhalten. Pu selbst ist sich der dunklen Kehrseite durchaus bewußt, obgleich er deren genaue Erkundung den Existentialisten überließ. Nein, das ist zu schwach ausgedrückt: Die vorangegangenen Seiten haben gezeigt, daß er sie zu dieser Erkundung angeregt hat.

Das gleiche gilt in etwa für die Untersuchung von Authentizität und Unwahrhaftigkeit. Wenn wir uns noch einmal Tiegers Reaktion auf den Vorwurf, er habe I-Ah ungestüm gestoßen, ansehen, bemerken wir sein nachhaltiges Bemühen, die authentische Verantwortung für seine Wahl zu leugnen. Zunächst streitet er sie rundweg ab. Als das keinen Erfolg zeitigt, versucht er es mit der charakteristischen Form der Unwahrhaftigkeit: Er schiebt die Verantwortung für sein Handeln auf etwas, das er angeblich nicht kontrollieren konnte: in diesem Fall seinen Husten. Die moralische Verwirrung, die die Unwahrhaftigkeit kennzeichnet, wird in der Ad-hoc-Bildung »ungehustet« gut zum Ausdruck gebracht.

Es kann kein Zweifel daran bestehen, daß Sartre ebendiese Passage im Sinn hatte, als er schrieb: »Der Existentialist glaubt nicht an die Macht der Leidenschaft. Er wird nie denken, daß eine schöne Leidenschaft ein verwüstender Wildbach ist, der den Menschen unvermeidlich zu gewissen Taten führt und der deshalb eine Entschuldigung ist. Er denkt, der Mensch sei für seine Leidenschaft verantwortlich.« Sartre erkundet hier den Husten als Bild für Leidenschaft; eine besonders passende Metapher, wenn wir uns daran erinnern, daß Husten metonymisch mit Niesen verwandt ist, das wiederum gelegentlich als Metapher für den männlichen Orgasmus steht.

### Ferkel und die existentialistische Wahl

»Es ist schwer, tapfer zu sein«, sagte Ferkel und schniefte leise, »wenn man nur ein sehr kleines Tier ist.«

Ferkel hat zwar Angst vor Känga, weil ihm zu Ohren gekommen ist, »daß ein Känga im allgemeinen als eins der wilderen Tiere angesehen wird«, und weil es befürchtet, daß Känga um so wilder werden wird, »wenn man es seines Jungen beraubt«, doch wir erfahren, daß es »vergaß, weiter Angst zu haben«, als Kaninchen ihm sagt, welche entscheidende Rolle Ferkel bei der geplanten Entführung spielen soll.

Als Pu Ferkels Heldenmut bei Oiles Rettung rühmt, schreibt er:

> Oh, tapfres Ferkel (FERKEL)! Ho!
> Zittert Ferkel? Zagt es gar?
> Nein, Zoll für Zoll und wunderbar,
> (NUR BRIEFE? Lachhaft!) sowieso
> Flutscht Ferkel durch, hallô!

Als Pu dieses Lied singt, sagt Ferkel: »... Ich dachte nämlich, ich hätte doch ein bißchen gezagt. Nur ganz zu Anfang. Und es heißt doch: ›Zittert Ferkel? Zagt es gar? Nein ...‹«

> »Du hast nur innerlich gezagt«, sagte Pu, »und für ein sehr kleines Tier ist das die tapferste Art, nicht zu zagen, die es gibt.«
> Ferkel seufzte vor Glück und begann, über sich nachzudenken. Es war TAPFER ...

Sartres Kommentare dazu drücken abstrakt aus, was Milne uns in existentieller Realität vor Augen führt. Sartre sagt: »Es gibt Temperamente, die nervös sind, es gibt Blutlosigkeit, wie die braven Leute sagen, oder blutvolle Temperamente; doch der Mensch, der blutlos ist, ist nicht deswegen feige, denn was die Feigheit ausmacht, ist der Akt des Verzichtens oder des Nachgebens; ein Temperament, das ist kein Akt; ... Was der

Existentialist sagt, ist, daß der Feigling sich zum Feigling macht, daß der Held sich zum Helden macht.« Welche Beschreibung könnte besser auf Ferkel zutreffen, das über seine natürliche Ängstlichkeit hinauswächst, um sich dann wie ein Held zu verhalten?

## *Pu und Camus (1913–1960)*

Der Alltags-Mensch hält sich nicht gern auf.

> Die Sonne war so angenehm warm, und der Stein, der schon so lange in der Sonne gesessen hatte, war ebenfalls warm, daß Pu beinahe beschlossen hätte, den ganzen Vormittag als Pu in der Mitte des Baches zu verbringen ...

Die Leser, die das Werk von Albert Camus kennen, mögen der Ansicht sein, daß ich für den Beginn dieses Abschnitts ein äußerst untypisches Zitat aus *Der Mythos von Sisyphos* gewählt habe. Die Beobachtung, daß der Alltags-Mensch sich nicht gern aufhält, besonders wenn sie mit der Beschreibung von Pu, der auf einem sonnenwarmen Stein sitzt, verknüpft wird, läßt vermuten, daß sie eine Aufforderung zur Gelassenheit suggeriert. Und Gelassenheit ist nun wahrlich äußerst untypisch für ein Buch, das mit dem berühmten Satz beginnt: »Es gibt nur ein wirklich ernstes philosophisches Problem: den Selbstmord.«

Ich möchte meine Wahl rechtfertigen, indem ich behaupte, daß Pus Einfluß auf Camus hauptsächlich mittels der Gegensätzlichkeit beider erfolgte. Schmerz und Absurdität in Camus' Welt waren, wie wir sehen werden, seine Reaktion auf die fröhliche Welt Pus. Da die Verbindung zwischen Pu und Camus von den Experten beider Seiten sträflich vernachlässigt worden ist, dürfen meine Leser mit Recht erwarten, daß ich dafür den Nachweis antrete. Es wird mir ein Vergnügen sein.

Beschäftigen wir uns zunächst mit dem vielleicht wichtigsten Begriff bei Camus: das Absurde. Für ihn war es die unvermeidliche Bedingung des menschlichen Lebens.

Wie wir wohl annehmen dürfen, trägt das Camus-Zitat der Erkenntnis Rechnung, daß Pu kein Alltags-Bär ist, ebensowenig ein absurder Bär. Der Grund dafür liegt auf der Hand. Camus schreibt: »Das Absurde entsteht aus dieser Gegenüberstellung des Menschen, der fragt, und der Welt, die vernunftwidrig schweigt.« Doch die Welt Pus ist alles andere als schweigsam.

Gleich auf den ersten Seiten hört Pu selbst ein lautes Summgeräusch. Später hört I-Ah ein Rascheln im Farn. Ferkel hört einen lauten, heiseren Schrei von Eule. Alle Bäche des Waldes plappern. Der Kuckuck probiert seine Stimme aus. Waldtauben beklagen sich milde. Das sind nur einige sorgfältig ausgewählte, willkürliche Beispiele aus *Pu der Bär*. Man beachte zudem, daß es sich hier nicht einfach nur um Geräusche handelt: Die Klänge sind für diejenigen, die sie hören, von Bedeutung. Die Grundvoraussetzungen für das Absurde existieren somit in Pus Welt einfach nicht.

Die Schlußfolgerung, daß Camus' Vorstellung vom Absurden und seine pessimistische Sicht des Lebens in dieser Welt aus seiner klaren Erkenntnis erwuchsen, wie deutlich sie sich von Pus Welt unterscheidet, drängt sich förmlich auf. Anders formuliert, in seinem Werk drückt sich das Wissen um die Kluft zwischen den beiden Welten aus. Sobald uns das klargeworden ist, müssen wir anerkennen, wie fundamental der Einfluß des Großen Bären auf Camus ist.

Camus selbst hat die Schuld, in der er stand, implizit anerkannt: »Das Irrationale, das Heimweh des Menschen und das Absurde, das sich aus ihrem Zwiegespräch ergibt ...« Wird hier nicht deutlich, daß seine Welt des Absurden aus dem Heimweh nach Pus Welt erwächst? Und er greift dieses Thema wieder auf, wenn er schreibt: »Wenn ich Baum unter Bäumen wäre, Katze unter den Tieren, dann hätte dieses Leben einen Sinn oder vielmehr: dieses Problem bestünde überhaupt nicht, denn dann wäre ich ein Teil dieser Welt.« Wie erschütternd ist sein Neid auf Pu und seine Freunde, die alle Teil ihrer Welt sind!

Es gibt jedoch ein paar Stellen, an denen Camus' und Pus Denken sich berühren. Da wäre zum Beispiel die Episode, ziemlich am Anfang von *Pu der Bär*, wo Pu Kaninchen besucht und mit Honig und Kondensmilch fürstlich bewirtet wird. Wir erinnern uns, was geschieht, als er gehen möchte.

> Und er begann, aus dem Loch zu klettern. Er zog mit den Vorderpfoten und drückte mit den Hinterpfoten, und nach einer gewissen Zeit war seine Nase wieder im Freien ... und dann seine Oh-

ren ... und dann seine Vorderpfoten ... und dann seine Schultern ... und dann ...

»Ach, Hilfe!« sagte Pu. »Ich gehe lieber wieder zurück.«

»So ein Mist!« sagte Pu. »Ich muß hinaus.«

»Es gelingt mir beides nicht!« sagte Pu. »Ach, Hilfe und so ein Mist!«

*Pu*-Freunde werden sich an den weiteren Verlauf der Sage von dem »eingeklemmten Bären in starker Bedrängnis« erinnern, aber möglicherweise haben sie noch nie Camus' Kommentar dazu bedacht: »Was ich berühre, was mir Widerstand leistet – das begreife ich.«

Vielleicht ist es typisch für Camus, daß er eine Episode kommentiert, in der Pu dem Absurden so nah kommt, wie es in den Grenzen seiner Natur möglich ist, aber er hat auch einen fröhlicheren Zwischenfall zum Gegenstand seiner Reflexionen gemacht: die Episode um das Geoile. Da wir sie erst kürzlich behandelt haben, können wir uns hier auf den Hinweis beschränken, wie angemessen Camus' Hommage an Ferkels und Pus Großzügigkeit ist, wenn er schreibt, daß die wahre Großzügigkeit gegenüber der Zukunft darin liegt, der Gegenwart alles zu geben.

## Abschließende Worte zu Pu und den Existentialisten

Mit Camus kommen wir zum Schluß unserer Untersuchung von Pus Einfluß auf die Existentialisten und ihrer Reaktionen auf ihn. Mitunter bedeutete ihre oft übertriebene Betonung der dunklen Seiten des Lebens eine Abwehr der harmonischen Welt Pus, manchmal aber auch eine etwas einseitige Betonung jener Textpassagen, die erkennen lassen, wie gut Milne sowohl die Idee als auch die Realität von »Angst« verstanden hat.

Um allerletzten Zweifeln an diesem seinem Verständnis entgegenzuwirken, möchten wir an die Szene erinnern, als Ferkel sich von Wasser umgeben sieht: »›Es ist ein bißchen beängstigend‹, sagte es sich, ›ein sehr kleines Tier zu sein, das völlig von Wasser umgeben ist.‹« Milne setzt ein eindeutiges Signal, indem er von »beängstigend« spricht, nicht von »beunruhigend« oder »besorgniserregend«. Aber damit läßt er es nicht bewenden. Er legt Ferkels scheinbar hoffnungslose Situation in allen Einzelheiten dar:

> »Christopher Robin und Pu könnten entkommen, indem sie auf Bäume klettern, und Känga könnte entkommen, indem sie springt, und Kaninchen könnte durch Buddeln entkommen, und Eule könnte durch Fliegen entkommen, und I-Ah könnte dadurch entkommen, daß er … daß

er lauten Lärm macht, bis er gerettet wird, und hier bin ich, von Wasser umgeben, und ich kann *gar nichts* tun.«

Könnte es ein eindringlicheres Bild des Seins-zum-Tode geben, das, wie Heidegger meinte, für ein authentisches Leben unerläßlich sei?
Allerdings zeigt Milne – selbstverständlich – mehr denkerische Größe und Tiefe, indem er Ferkel nicht nur im Angesicht des Abgrunds drohender Vernichtung zeigt, in voller existentieller Authentizität, sondern auch, wie es ihn durch entschlossenes und intelligentes *Handeln* transzendiert. Es schreibt einen Hilferuf, den es als Flaschenpost verschickt. Dann kommt die zweite Phase, die Phase, in der Ferkels Botschaft bei Pu eintrifft, der daraufhin gemeinsam mit Christopher Robin die entsprechenden Maßnahmen ergreift. Wir sehen hier, daß Pus Welt eine Welt der sozialen Bindungen und persönlichen Freundschaften ist, aus denen gemeinsames Handeln erwächst.
Man hat den Existentialisten oft vorgeworfen, sie verträten einen exzessiven Individualismus, weil sie das soziale Element im Leben mißachteten. Dieser Vorwurf ist nicht ganz gerechtfertigt. Aber er wäre weniger leicht gegen sie zu erheben gewesen, wenn sie die Lehren der Überschwemmungsepisode wirklich verinnerlicht hätten. Sie bietet nämlich ein Modell, wie man die beeindruckende Erkenntnis individueller »Angst«

mit der ebenso beeindruckenden Erkenntnis positiver gesellschaftlicher Werte verknüpfen kann.
Obgleich viele von ihnen profunde und originelle Denker waren, haben sie nur einen Bruchteil des enormen Verstandes von Winnie-dem-Pu erfaßt.

# *ANHÄNGSEL*
# *(NICHT I-AHS)*

Ich möchte auf keinen Fall, daß der letzte Satz des letzten Kapitels so verstanden wird, als wären nur die Existentialisten Zielscheibe meiner Kritik. Am Ende unserer kurzen und elementaren Einführung in die Philosophie von Pus Welt angekommen, sollte zur Genüge klargeworden sein, daß kein anderer Philosoph, keine philosophische Schule mehr als nur einen kleinen Bereich dieser Welt erschlossen hat. Wir haben gesehen, daß der Große Bär alle philosophischen Lehren, von der frühen griechischen Kosmologie bis hin zu den verschiedenen Schulen, die in der ersten Hälfte unseres Jahrhunderts tonangebend waren, in sich aufgenommen hat.

Was, so mögen manche fragen, ist mit den Philosophen, die ich nicht behandelt habe? Was ist mit den vielen, die zwischen den Stoikern und Epikureern einerseits und den Rationalisten des 17. Jahrhunderts andererseits liegen? Was ist mit Plotin, Augustinus,

Johannes Scotus Eriugena, Abaelard, Thomas von Aquin, Duns Scotus und William von Ockham? Und was ist, wenn wir weitergehen, mit den noch lebenden Philosophen und Philosophinnen – vom absoluten Idealismus eines Timothy Sprigge bis zum Physikalismus einer Patricia Smith Churchland, was ist mit Philippa Foot und Elizabeth Anscombe, Bernard Williams und Stuart Hampshire, Daniel Dennett und Michael Lockwood, Jonathan Barnes, Hilary Putnam und W. H. Newton-Smith, John Searle und John Rawls, Ted Honderich, Willard van Orman Quine und Anthony Kenny – um nur einige zu nennen?

So sehr ich diesen Einwand auch respektiere, ich fürchte, es wird dabei übersehen, daß das vorliegende Büchlein ein breites Publikum ansprechen will und sich daher auf die Philosophen beschränken mußte, von denen zumindest die Namen weithin bekannt sind. So wissen beispielsweise alle Leser von Wodehouse, daß Jeeves ein Verehrer Spinozas war und daß er Nietzsche als »völlig verrückt« verurteilte. Die großen Philosophen des finsteren Mittelalters sind auch nicht annähernd so bekannt.

Ähnlich verhält es sich mit den zeitgenössischen Philosophen. Ihre Beiträge zur Untersuchung und Erhellung des Milneschen Œuvres hätten zweifellos nach einer ins Detail gehenden Analyse verlangt, wenn ich mich an ein Fachpublikum gewandt hätte. In dieser Hinsicht kann ich jedoch nur meiner Hoffnung Ausdruck verleihen, daß diejenigen unter ihnen, die den vorliegenden Band studieren, sich angeregt fühlen mögen, ein erneutes und differenzierteres Studium von Pus Welt in Angriff zu nehmen. Ich bin mir sicher, daß sie davon profitieren würden.

Ebenso wie – hoffentlich – andere. Es stimmt mich traurig, wenn ich darüber nachdenke, wieviel Zeit seit der Veröffentlichung von *Pu der Bär* verstreichen mußte, bis seine wissenschaftliche Bedeutung allgemein anerkannt wurde.

Wie nicht anders zu erwarten, rückt Winnie-der-Pu selbst die Dinge wieder in die richtige Perspektive. Er sah klar voraus, daß sich seine intellektuelle Reputation allmählich durchsetzen würde, und zwar, als er das Spiel »Pu-Stöcke« erfand. Kaninchen erkannte die tieferliegende Bedeutung und bemerkte: »Sie [frühere ursinianische Forscher] brauchen immer länger, als man denkt.«

Vielleicht sind wir überrascht, daß ausgerechnet Kaninchen zu dieser Einsicht gelangt, doch wie I-Ah es kurz darauf formuliert: »Man muß Kaninchen nur Zeit lassen, dann kommt es immer auf die richtige Antwort.« Und was Kaninchen kann, das können wir auch.